SANTA

Mariana Godoy

DULCE
DOS POBRES

A VIDA, A FÉ E A SANTIDADE
DO ANJO BOM DA BAHIA

petra

Copyright © 2019 by Mariana Godoy

Direitos de edição da obra em língua portuguesa no Brasil adquiridos pela PETRA EDITORIAL LTDA. Todos os direitos reservados. Nenhuma parte desta obra pode ser apropriada e estocada em sistema de banco de dados ou processo similar, em qualquer forma ou meio, seja eletrônico, de fotocópia, gravação etc., sem a permissão do detentor do copirraite.

PETRA EDITORA
Rua Candelária, 60 — 7º andar — Centro — 20091-020
Rio de Janeiro — RJ — Brasil
Tel.: (21) 3882-8200 — Fax: (21) 3882-8212/8313

Imagens do caderno de fotos: acervo pessoal da autora

CIP-BRASIL. CATALOGAÇÃO NA PUBLICAÇÃO
SINDICATO NACIONAL DOS EDITORES DE LIVROS, RJ

G534s   Godoy, Mariana
         Santa Dulce dos pobres : a vida, a fé e a santidade do anjo bom da Bahia /Mariana Godoy. - 1. ed. - Rio de Janeiro : Petra, 2019.
         144 p. ; 23 cm.

         ISBN 9788582781685

         1. Dulce, Irmã, 1914-1992. 2. Santos cristãos - Biografia. I. Título.

19-59434   CDD: 922.22
                                  CDU: 929:27-36

Meri Gleice Rodrigues de Souza - Bibliotecária CRB-7/6439
27/08/2019   04/09/2019

A todos os que se dedicam a fazer o bem.

Irmã Dulce Lopes Pontes, que deixou atrás de si um prodigioso rasto de caridade ao serviço dos últimos, levando o Brasil inteiro a ver nela a mãe dos desamparados...
— PAPA BENTO XVI,
22 DE MAIO DE 2011

SUMÁRIO

Breve introdução
11

As portas que se abrem
17

Um Anjo Bom vindo do céu
41

O pouco de muitos se soma
55

"Estou aqui para servir"
77

Sem clausura
93

Encontros celestes... e o encontro com o céu
103

Irmã dos milagres, santa dos milagres
121

Agradecimentos
135

Breve introdução

— Hotel Pestana, por favor.

Depois de muitos, muitos anos, eu chegava novamente a Salvador. Havia acabado de gravar uma entrevista com um político e de enfrentar duas horas de atraso no aeroporto de Congonhas. Estava um caco. Ao ouvir para onde eu desejava ir, o motorista Balbino não hesitou:

— Oh, mas como é bom a gente voltar a ouvir esse nome, madame! O Pestana está fechado há três anos. A senhora vai para o Pestana Lodge, uns bangalôs que eles ainda mantêm. Mas o hotel mesmo está fechado, assim como tantos outros aqui em Salvador.

De fato, o Pestana estava fechado, e, ainda no táxi, a visão dele era desoladora, mesmo à noite. Os funcionários eram ainda muito atenciosos e gentis, mas a decadência se podia perceber já no gigantesco saguão vazio.

O antigo sofá circular de veludo vermelho-vivo estava agora desbotado e puído. Os elevadores ostentavam um aviso de "Perigo". A estrutura metálica do prédio de 23 andares em frente ao mar enferrujava. A maresia corroía um investimento símbolo da pujança de outrora.

Passei pela piscina até a entrada dos bangalôs. A pintura cor de laranja estava bastante manchada pelo mofo. O prédio de três andares estava sem forro no teto dos corredores por causa da renovação da fiação elétrica e da instalação de novo sistema de ar-condicionado. Se era feio de olhar, era também animador. "Estão investindo novamente", pensei.

O quarto, por outro lado, era maravilhoso. Grande, com dois banheiros, uma sala enorme com varanda, confortável e muito limpo. Eu poderia comer alguma coisa, mas o serviço de quarto não funcionava depois das 23h. Melhor dormir. No dia seguinte, o estado do Pestana seria apenas mais uma de minhas muitas descobertas.

E começou já no táxi:

— Moço, o senhor sabe chegar ao Hospital da Irmã Dulce? Se não souber, eu boto no Waze.

— Dona, aqui na Bahia, se o cara não souber onde é o Hospital da Irmã Dulce e onde mora a Ivete Sangalo, de duas, uma: ou ele não é motorista, ou não é baiano.

— E o senhor conheceu Irmã Dulce?

— Todo mundo conheceu. Ela andava esmolando por aí, sempre carregando uma criança no colo. Eu vim do interior e fui vender banana quando era menino.

Conforme fiquei mais velho, bati lá na Irmã Dulce para pedir um emprego de verdade. Ela ajudava todo mundo. Eu já sabia dirigir, queria ser motorista. Ela escreveu uma cartinha para o dono de uma empresa de transporte, e eu fui contratado. Tenho 75 anos e nunca parei de dirigir pelas ruas de Salvador, agora com táxi.

"Todo mundo conheceu."

Isso me espantava. A ideia de uma santa brasileira me deixava desconcertada, por alguma razão. Uma santa num lugar como... o Brasil! Talvez fossem os anos lidando com a realidade política do país no jornalismo, talvez fosse aquele ceticismo natural dos brasileiros já cansados... Mas, sim, tínhamos uma santa pelas ruas da Bahia, uma santa que agora será canonizada e venerada em todo o mundo. Que terá seu nome pronunciado no Vaticano. E era essa santa que eu tinha vindo conhecer. E que conheci. E que me provou que, sim, santo de casa pode fazer milagres. Muitos milagres.

Meu taxista ia me mostrando tudo. Fomos passando pelos bairros de Salvador, pelo estádio da Fonte Nova, pelas estátuas dos orixás na lagoa, por igrejas. Tudo me parecia meio abandonado, confesso. Meio largado. Mas era bem como me dissera um baiano nos bons tempos do hotel Pestana: "Na Bahia, até quando tá ruim, tá bom."

E chegamos ao hospital.

Muita gente. Muita gente na rua em frente à instituição. Muitos vendedores ambulantes, muitos doentes chegando, muitos visitantes colocando flores na estátua de

Irmã Dulce, muita gente simples, muita gente humilde. Médicos, enfermeiros, doentes. Muita gente.

O lugar acolhia a todos, sem cobrar nada. Sobrevivia de doações, de caridade. Era o maior contribuidor do banco de sangue da Bahia, tinha grandes enfermarias para idosos, alas infantis bem equipadas, fonoaudiologia, abrigos para pessoas abandonadas. E muita gente. De um lado para outro: enfermos, profissionais de saúde — um formigueiro. E, ainda assim, o clima não estava nem perto de ser pesado.

Muito pelo contrário.

Era um clima de amor.

De família.

De uma enorme família.

Em todas as paredes, por toda parte, uma foto de Irmã Dulce com o olhar doce trazia os dizeres: "Tenha fé. Continuo presente."

Foi essa presença que pude sentir na própria pele quando estive na Bahia: uma presença que não é mero sentimentalismo abstrato, mas que já se concretizava, e com força, desde a infância da pequena Maria Rita e que, hoje, continua ainda mais latente com sua intercessão no céu. Eis, então, o motivo destas páginas: são, sim, uma espécie de biografia, mas não *qualquer* biografia, dessas repletas de frieza e rigores acadêmicos. Não. Trata-se de uma biografia *verdadeira*, do coração, fruto do deslumbramento e da esperança que vêm de experimentar a presença de uma santa em tantos testemunhos, tantas comoções e tantas alegrias. Por isso, segue mais os ritmos do coração e da memória do que uma cronologia tão rigorosa, daquelas que talvez aprouvessem a um coração que se fecha para as graças da fé.

Posso dizer que encontrei e vi muita gente em que a Irmã Dulce ainda vive, mesmo tantos anos depois de sua morte. Posso dizer que, depois de ir à Bahia, passou a viver um pouco em mim essa nossa Irmã Dulce.

Nossa *Santa* Dulce.

Santa Dulce dos Pobres.

As portas que se abrem

*"Se fosse preciso, começaria tudo outra vez
do mesmo jeito, andando pelo mesmo caminho de
dificuldades, pois a fé, que nunca me abandona, me
daria forças para ir sempre em frente."*

⚜

Uma menina dotada de grande... naturalidade.

Essa parece ser uma forma muito simplória de falar sobre a vida de uma santa: sem milagres, sem fatos extraordinários, sem mensagens divinas.

Sim: uma menina normal.

Como qualquer criança, a pequena Maria Rita gostava de brincar de boneca, de roda, de empinar pipa. Também se divertia com os irmãos, fazendo guerra de semente de mamona. E, curiosamente, tinha uma paixão... incomum — para uma menina da época, ao menos. Sim, o futebol. Todos os domingos, acompanhava o pai, o dr. Augusto Lopes Pontes, nas partidas do Ypiranga, para cujo artilheiro certamente deve ter torcido com frequência: o atacante Popó.

Em meio à normalidade de uma família comum, estava sempre a religião. A mãe, Dulce Maria, morreu cedo, quando a filha tinha apenas sete anos de idade, mas a menina foi acolhida pelas tias Madaleninha, Georgina e Mariazinha, que deram a ela e seus irmãos uma sólida formação cristã. Juntos, rezavam o terço diariamente, e o ofício, às quartas e aos sábados.

Mais uma vez, nada parece haver aí de extraordinário. Uma família relativamente comum, sem nada do que poderíamos esperar para uma grande santa, para alguém que em todo o mundo será retratado com uma auréola sobre a cabeça. Mas, certo dia, a tia Madaleninha chamou a sobrinha para uma conversa muito íntima. Hoje, talvez nos pareça muito, muito dura. Irmã Dulce, afinal, era ainda uma Maria Rita de treze anos, em plena década de 1920.

— Minha filha, você já é uma moça, mas só pensa em brincar. A vida não é só isso. Você precisa conhecer as dificuldades, o sofrimento... Enfim, o outro lado da vida.

Maria Rita ia à escola. Estudava música. Sabia bordar. Mas, ao que parece, para sua tia era preciso algo mais. E algo árduo: mais do que os deveres de uma criança recém-chegada à adolescência, mais do que um suposto direito a se divertir, seria preciso estar perto dos outros. Servir. Ter o primeiro contato com o dever cristão de ajudar o próximo.

A partir daquela conversa, Maria Rita deu adeus ao futebol de domingo. Sim, parece-nos duro. Fere um pouco nossa sensibilidade, tão acostumada às autoindulgências... Fere-me um pouco também. Mas, aí sim, começamos a ver a marca de uma santa. Maria Rita passou a visitar os pobres e doentes do bairro Tororó. Foi a primeira vez com a tia conhecer "o outro lado da vida", então passou a acompanhá-la sempre. Depois disso, já não queria mais saber das brincadeiras e nem mesmo do atacante Popó, que lhe dava tantas alegrias nas arquibancadas do estádio Campo da Graça.

Agora, a graça a contagiá-la já seria outra.

Uma graça divina.

O contato com a realidade daquelas pessoas mexeu com alguma coisa no interior da menina. Surgia algo no seu coração. Tinha tão pouco, mas mesmo o pouco que tinha ela queria dar.

É bem verdade que não lhe faltavam exemplos. Além de tia Madaleninha, que era presidente do Apostolado Coração de Jesus na Igreja de Santo Antônio, havia seu pai. O dr. Augusto era um dentista que dedicava parte do seu tempo a percorrer os bairros mais carentes de Salvador e tratar os dentes das crianças. Pagava tudo do próprio bolso e com a ajuda de alguns doadores. Com o tempo, conseguiu abrir um posto odontológico numa entidade chamada Abrigo dos Filhos do Povo. Empenhava-se para manter ambos os projetos. Morreu pobre, em 1976, deixando para Alice, sua segunda esposa, e os filhos apenas uma casa modesta no bairro da Vitória, além de seu nome numa rua de Salvador.

Os pobres, seus futuros companheiros na caminhada de fé, começavam ali a fazer parte da vida de Maria Rita. Os pobres e os doentes, que ela recebia na porta de casa. Todo final de tarde, os necessitados faziam fila na porta dos Pontes. Eram tantos que o dr. Augusto chegou a advertir a filha: "Lembre-se que aqui não é o portão do Convento de São Francisco."

Não admira que nessa época tenha passado pela cabeça de Maria Rita a vocação religiosa. Se devemos ver nos pobres e doentes o rosto de Cristo, quão íntima ela não devia ser de Jesus? Curiosamente, a menina tentou ingressar no Convento da Congregação das Irmãs Franciscanas do Sagrado Coração de Jesus. Quando soube, a tia ficou com os olhos brilhando de alegria e foi conversar com a superiora. Mas era preciso a autorização do pai, e o dr. Augusto disse que a filha ainda era muito menina para uma decisão tão importante. Seria preciso esperar mais um pouco.

Não são curiosos os caminhos da vida? Uma futura santa impedida de ingressar na vida religiosa pelo pai… Sim, não é algo novo. Definitivamente não é. Tampouco não é nova, entre os santos, a paciência. Maria Rita esperou. Dois anos depois, planejou mais uma vez sua entrada no convento. Em segredo, redigiu sua requisição à madre superiora. Seu irmão Geraldo, porém, descobriu, e mais uma vez sua intenção de entrar para o convento restou frustrada.

O pai conversou mais uma vez com a filha. Toda vocação precisava ser testada, experimentada, confirmada, afinal. Um sim definitivo como aquele! Sugeriu, então, que ela voltasse a pensar em convento depois que se formasse. Não havia o que fazer a não ser concordar, é claro, mas Maria Rita tinha seus meios de se aproximar da vida religiosa. Quando ia para a escola, acordava antes de todos, bem cedinho, e "fugia" para assistir à primeira Missa na Igreja de Santana. Achava que ninguém percebia, mas todo dia o pai a espiava sair furtivamente em direção à igreja.

Os santos dizem que não cumprir a própria vocação — seja ela qual for, religiosa ou não — é o passaporte para a infelicidade, é não cumprir seu próprio fim. Não é de espantar que a ideia de se tornar freira não saísse da cabeça daquela menina, portanto, e de tal maneira que chamava atenção dos mais próximos. Certa feita, sua irmã Dulcinha a flagrou conversando com uma imagem de Santo Antônio, tal qual uma doida.

— O que você tanto confabula com Santo Antônio, Mariinha...?

— Estava perguntando a ele se tenho vocação para ser freira!

— E o que ele respondeu?

Maria não sabia o que articular. Tudo o que fez foi sorrir e balançar a cabeça, fazendo que sim. Mas Dulcinha, como boa irmã que era, não acreditou muito. Foi tirar ela mesma a dúvida com o santo. Ficou diante dele durante um bom tempo e não pareceu obter qualquer resposta.

— Acho que você se enganou. Ele não responde! — exclamou.

E uma irônica Maria Rita respondeu:
— Acho que é você que não sabe perguntar!

Ela não tinha dúvida da sua vocação, é claro. Dia após dia, continuava a "fugir" para a primeira Missa na Igreja de Santana. No entanto, numa dessas manhãs, teve uma sensação um pouco diferente. Era como se estivesse esperando alguém, e por isso ficava olhando a todo momento para a porta da igreja.

Não foi à toa.

De repente, viu algo que fez seu coração exultar.

A claridade da porta contornava a silhueta de alguém entrando. A luz ia cintilando por trás de um hábito branco e iluminando alguns detalhes, até surgir um escapulário azul-celeste que se estendia pelo traje daquela figura. Ela não tinha dúvidas de que estava diante de algo extraordinário. Ficou ali sentada, imóvel, vendo aquela pessoa se aproximar. Por fim, ficou claro: tratava-se de uma freira da Congregação das Irmãs da Imaculada Conceição da Mãe de Deus, fundada em 1910 em Santarém, no Pará.

Encantada, Maria Rita tinha certeza: queria entrar para aquela Congregação.

No final da Missa, a jovem se aproximou da freira. Era a madre Rosa, uma alemã que chegara a Salvador para fundar uma nova casa da congregação. Sem dúvida, a Providência Divina se tornava palpável ali. Maria Rita passou a se encontrar com a religiosa a fim de ouvir a história das irmãs da Imaculada Conceição. Soube que a congregação fora concebida por Frei Armando Bahlmann, dos Frades Menores Franciscanos, para ajudar na educação de crianças na região amazônica; descobriu também que a cofundadora havia sido curada milagrosamente na gruta de Lourdes, após padecer de uma grave enfermidade na coluna que a deixara de cama por dezesseis anos.

Maria Rita estava em êxtase. Não via a hora de terminar seus estudos para, enfim, fazer-se freira.

E a hora logo chegaria.

Em 1932, uma semana antes de receber seu diploma de professora primária, seu pai a chamou para irem juntos comprar um anel de formatura. Ela, porém, de cabeça baixa e quase sussurrando com medo de ofender o pai, declarou:

— Paizinho, não quero nada. Quero apenas ser freira.

O pai ficou em silêncio por um tempo. Provavelmente revisava a esperança que alimentara durante muito tempo, a de que a vontade da filha fosse passageira. Seus olhos foram se enchendo de lágrimas. Tratava-se, de fato, de uma vocação. Não havia mais como negar. Então, ele sorriu e disse:

— Segue o teu caminho, Mariinha.

Maria Rita recebeu seu diploma sem o anel.

E, no dia seguinte, começaram os preparativos para a sua entrada no convento.

A espera foi pouca para quem já tinha esperado tanto pela aprovação do pai. Dois meses depois, no dia 8 de fevereiro de 1933, a Congregação das Irmãs Missionárias da Imaculada Conceição da Mãe de Deus abriu as portas para Maria Rita. Na viagem de trem que a levou até o Convento de São Cristóvão, em Sergipe, a jovem ficou recordando a infância, os banhos de mar, as subidas nas árvores, os jogos de futebol, seu querido artilheiro Popó. Seus pensamentos se perdiam na paisagem que ia passando pela janela, depois voltavam a si... Será que pensava nisto em que eu penso agora, na estranha sensação de estar a caminho de algo que é definitivo, que não tem volta, que é para sempre...? E uma menina tão nova!

E uma menina tão nova certamente pensa em sua mãe. Maria Rita pensou, não tenho dúvidas, no último beijo dado em Dulce Maria de Souza Brito Lopes Pontes... E também em ter beijado Regina, a irmã recém-nascida, vigiada pelo semblante preocupado do pai. Dois dias depois, a tia Madalena a chamaria junto com os irmãos para rezar uma Ave-Maria pela alma da mamãe: o Senhor a tinha chamado para o Céu.

Todas as biografias de Irmã Dulce são unânimes: ali, naquele trem, ela chorou. Já sentia saudade do pai, dos irmãos, das tias... Da mãe, sempre da mãe. Lembrou-se das palavras que dona Dulce escrevera em seu caderno de poemas chamado "O mensageiro do amor". Naquelas letras caprichadas que só as mães sabem traçar, lia-se: "Este livro ficará guardado para um dia os meus filhos lerem e verem o que é um amor verdadeiro e puro. Saberem o quanto eu amei e amo seu pai, com o mesmo amor como se o visse agora. Tenho já desse amor cinco frutos, aos quais eu adoro muito..."

Era inevitável, ademais, que as lembranças da mãe a levassem de volta à mesma tia Madalena que, passados alguns dias desde a Ave-Maria com os irmãos, reuniu todos para mais uma oração, dessa vez pela alma da pequena Regina, que, "por ser muito pequenina, não podia ficar sem a mamãe, e, assim, o Senhor também decidiu chamá-la".

E, então, o trem parou.

Estação de Entre Rios.

As portas do vagão se abriram e subiram duas pessoas. Antes de a porta se fechar, Maria Rita viu um velho mendigo subir no trem rapidamente e se esconder agachado num canto no chão. Apertava um embrulho contra o peito. O trem partiu, e não demorou para que o conferente surgisse pedindo que lhe apresentassem documentos e passagens. Ele logo viu o velho mendigo e, ainda meio incrédulo, perguntou:

— Por acaso o senhor tem... passagem?

O velho respondeu:

— Tenho que ir a Timbó. É urgente!

O conferente respondeu-lhe com hostilidade:

— Não me interessa aonde tem que ir. O senhor não tem passagem, não é?

— Não tenho passagem... nem dinheiro, mas tenho que ir a Timbó!

— Sem passagem e sem dinheiro não irá a lugar algum. Vamos descer... Vamos descer!

Maria Rita, que assistiu a toda a cena, intercedeu:

— Quanto custa a passagem?

— Volte para a sua poltrona, moça. Isso não é da sua conta!

— Como não é da minha conta? Ele é meu irmão! Por favor, dê-me uma passagem para Timbó!

O homem olhou desconfiado e disse de forma sarcástica:

— Seu irmão? Este mendigo é seu irmão?

— Sim, este mendigo é meu irmão.

Ele a olhou por algum tempo, pensou em dizer mais alguma coisa, mas desistiu. Preencheu um bilhete para Timbó e cobrou o dobro do valor. Era todo o dinheiro que Maria Rita tinha para a viagem.

A jovem acomodou o velho no banco, deu-lhe a passagem e acariciou-lhe a cabeça. Ele lhe agradeceu profundamente, sem conseguir dizer nada. Maria Rita voltou para sua poltrona, tirou da bolsa o farnel com seu almoço e deu para aquele senhor que parecia faminto. Nesse momento, o maltrapilho levantou os olhos cheios de gratidão e disse, admirado:

— Minha filha, você é um anjo do Senhor! Que Deus te abençoe e te guarde!

O trem seguiu viagem e logo chegava à estação da cidade de São Cristóvão, em Sergipe. Maria Rita desceu, pegou sua mala e se informou com o funcionário da estação, que lhe indicou o caminho até o convento. Ela subiu uma longa colina, carregando a mala, até chegar, enfim, ao Convento Carmelita cedido à Congregação das Irmãs Missionárias da Imaculada Conceição. Tocou a campainha e as portas se abriram. Foi recebida pela superiora, irmã Joana, uma freira alemã que lhe apresentou as outras irmãs que viviam no convento. Em seguida, a superiora a deixou aos cuidados de Irmã Prudência, a mestra de noviças.

As duas se dirigiram para o quarto em que a noviça seria acomodada. Irmã Prudência se ofereceu para ajudar a desfazer a mala e arrumar as coisas.

— Não se incomode, irmã. Diga-me apenas em que parte do armário posso colocar as minhas coisas. Não é muito, posso arrumar tudo sozinha.

— Mas aqui nós temos o costume de ajudar umas às outras. Fique tranquila, não me custa nada.

Maria Rita começou a retirar seus pertences e tentou evitar que irmã Prudência percebesse que havia uma boneca escondida no meio do enxoval. Mas não conseguiu. A freirinha era esperta demais para deixar passar qualquer detalhe.

— O que é isso? Uma boneca?

E, com um gesto amigável, pediu licença para pegá-la.

Chamava-se Celica e era uma boneca simples, de plástico. Maria Rita havia ganhado da sua avó quando tinha apenas quatro anos. A história é engraçada. Ela precisava tomar um purgante de óleo, e o gosto devia ser horrível. A avó prometeu-lhe uma boneca se fizesse o esforço. Mariinha cumpriu o combinado, é claro.

A Irmã Prudência achou graça na história. Depois, olhou para a sua noviça e disse num tom maternal:

— Você teve coragem de se separar de todos: de seu pai, de seus irmãos, de suas tias... Tenho certeza de que também será corajosa para se separar desta boneca. Fique tranquila, vou guardá-la com carinho.

Não foi propriamente uma despedida. A mestra de noviças ainda permitiu que Maria Rita brincasse com a boneca aos domingos. Junto com as outras noviças, se divertiam levando Celica para passear num carrinho de mão.

No entanto, a vida no convento também era dura. Acordava-se cedo para as orações das matinas. Em seguida, devia-se cumprir todas as tarefas domésticas para a vida em comunidade: varrer e lavar o chão, preparar os alimentos, cuidar do jardim e driblar os contratempos a que toda dona de casa está acostumada. Maria Rita correspondia com alegria à vida rígida, num convento dirigido por uma freira alemã. Mas, apesar da sua boa vontade, ainda era uma menina um pouco desajeitada para os trabalhos domésticos, o que lhe acarretou muitas advertências. Sua humildade, já patente ali, fez com que recebesse as correções fraternas da madre superiora como estímulo para se tornar uma postulante mais prestativa.

Assim os seis meses de postulado se passaram, até chegar o dia em que Maria Rita recebeu o tão desejado hábito branco com o escapulário azul-celeste — aquele mesmo que a fizera suspirar na Igreja de Santana. Tudo isso ocorreu em 13 de agosto de 1933, data em que hoje comemoramos a festa de Santa Dulce, data que não deve fugir da memória de nenhum baiano, de nenhum brasileiro. Não era um dia especial apenas para as noviças que postulavam se tornar freiras, mas também para toda a congregação. Afinal, também se comemorava o 25º aniversário da cura da madre fundadora, Maria Imaculada de Jesus, na gruta de Lourdes, por intercessão de Nossa Senhora. Naquele ano, extraordinariamente, todas as postulações, todos os votos da congregação foram realizados naquela data.

É curioso que tenha sido, para mim, um italiano a descrever da maneira mais singela e cativante esse momento especial:

> No momento do canto solene, Frei João Baptista e Frei Vicente subiram ao altar revestidos dos paramentos mais bonitos. O branco e o azul dos hábitos das irmãs tornavam-se um ponto luminoso no centro da igreja. Em seguida, por um momento, fez-se um grande silêncio. As candidatas ao noviciado entraram vestidas de noiva. O véu branco caía sobre os seus rostos e cada uma delas carregava, com as mãos postas, uma vela acesa. O cortejo era encerrado pelas irmãs Rosa e Joana. A como-

ção foi grande: os parentes e todos os convidados não conseguiram esconder as lágrimas.

Depois que o celebrante fez as orações iniciais, Irmã Rosa, após ter feito as perguntas rituais para que fosse expressa publicamente a vontade das postulantes em emitir a profissão religiosa, chamou uma por uma:

— Tu, Maria Rita, de hoje em diante não mais te chamarás Maria Rita, mas Irmã Dulce.

O doutor Augusto não conseguiu conter as lágrimas. Era o nome de sua querida esposa falecida. Seu coração ficou eternamente grato à delicadeza que as superioras haviam demonstrado.[1]

Dessa vez, Irmã Dulce ganhou um anel: o pai mandara fundir a aliança do primeiro casamento a fim de transformá-la na aliança de profissão religiosa da filha.

Depois da cerimônia, Irmã Dulce e as outras noviças voltaram para a rotina do convento. Faltava ainda um ano para terminar a formação e, depois, saber para onde a congregação enviaria as novas irmãs. Nas cartas que trocou com a família, a agora Irmã Dulce mostrava-se muito feliz e totalmente realizada. Para sua irmã Dulcinha, ela escreveu, em 26 de novembro de 1933: "Jesus não se esqueceu de mim! Eu me escondi para ele e, agora, estou aqui, feliz como nunca, vivendo uma vida

---

1 G. Passarelli. *Irmã Dulce: o anjo bom da Bahia.* São Paulo: Paulinas, 2012, p. 45-46.

santa, a vida que devemos viver" — uma vida de oração, humildade, obediência e mortificação.

E essa vida, aparentemente igual e rotineira, mas renovada a cada dia pelo amor e pela fé, assim seguiu durante um ano, até 15 de agosto de 1934.

Mais uma vez, a capela do Convento de Nossa Senhora do Carmo, em São Cristóvão, estava lotada. Irmã Dulce, junto com as outras novas Irmãs Missionárias da Imaculada Conceição, pronunciaria os votos perpétuos de pobreza, castidade e obediência. No entanto, em seu íntimo, não teria a Irmã Dulce cumprido com rigor cada um deles? Essa adesão pública à vida consagrada era mais do que um compromisso; era o transbordamento de uma vida interior única, intensa.

E, exatamente por essa razão, o coração de Irmã Dulce devia palpitar comovido. As outras noviças também carregavam uma vela acesa; sobre a cabeça, uma coroa de espinhos, como símbolo de que se uniam a Cristo no sacrifício da própria vida pelo mundo. E o coração de Irmã Dulce palpitava, e palpitava. E palpitava quando Irmã Rosa leu uma carta da fundadora da congregação. E palpitava ainda mais forte ao ouvir os votos das outras irmãs, e palpitava ao pronunciar também o seu, ao ter o hábito de noviça retirado e substituído pelo hábito branco com o escapulário da cor do céu, ao colocar ao redor do pescoço uma medalha da Virgem Maria.

Já com os votos pronunciados e a liturgia praticamente encerrada, todos ainda estavam ansiosos para saber para onde a congregação enviaria as novas irmãs. A provincial se dirigiu ao presbitério com um papel na mão, saudou a todos e começou a ler:

— Irmã Dulce, Sanatório Espanhol, em Salvador, na Bahia.

A boa filha à casa tornaria. O dr. Augusto, ainda confuso, esperou terminar a cerimônia para perguntar diretamente a Irmã Rosa:

— Por favor, irmã, acho que não entendi direito: para onde minha filha foi destinada?

— Para Salvador. O doutor não ficou feliz?

Provavelmente ele estava radiante. Teria a filha por perto de novo.

De volta a Salvador, rumo ao Sanatório Espanhol. Irmã Dulce serviu obedientemente a função para a qual havia sido designada: atender à portaria, ao telefone e ajudar na limpeza do hospital. Logo, perceberam que era inteligente demais para tarefas tão simples, e a religiosa foi encaminhada para um curso de Prática de Farmácia. Irmã Dulce, é claro, ficou muito feliz com a possibilidade de aprender a preparar medicamentos que aliviariam o sofrimento das pessoas. Era tamanha a sua presteza que foram lhe passando novas tarefas: chegou a ser enfermeira e, por fim, responsável pelo setor radiológico.

No entanto, a obediência precisou ser praticada mais uma vez. A Congregação da Imaculada Conceição precisou reforçar o quadro de pessoal do Colégio Santa Bernardete, pertencente ao Convento da Penha, na sede da congregação. Lembraram-se, naturalmente, de que Irmã Dulce era professora formada e decidiram trazê-la para dar aulas de geografia. Sua fama? A de dar "notas benevolentes". Irmã Fausta, a madre superiora, observou que na classe de Irmã Dulce ninguém tirava notas baixas. Ela ficou desconfiada, pois conhecia bem aquela turminha. Um exame mais atento, e Irmã Fausta logo percebeu que a professora de geografia ia lecionar sem um mínimo de entusiasmo: parecia estar sempre com a cabeça nas nuvens. Fazia o dever por obediência, mas era visível que não estava dando certo.

Na primeira visita da madre provincial, Irmã Fausta tentou explicar a situação:

— Madre, não sei o que está acontecendo com a Irmã Dulce. Está bastante desmotivada na escola. Acho que seria melhor arrumar outro lugar para ela. Recentemente, me pediu autorização para abrir um curso noturno para operários no Clube de Regatas Itapagipe. Permita-me dar uma opinião, madre? Acho que realmente seria mais apropriado deixá-la livre na missão evangelizadora e caritativa. Ela é boa com os enfermos e necessitados... Sabe bem como ajudá-los. Mas, na sala de aula, sem querer, vai acabar prejudicando a formação das crianças.

Depois dessa conversa, a madre provincial deu autorização para que se abrissem as portas do convento; Irmã Dulce, portanto, poderia ganhar as ruas e cuidar dos pobres. Ao saber da notícia, Dulce mal conseguiu controlar a felicidade.

Ela, de fato, só tinha olhos para os pobres. E não faltavam pobres na Salvador da década de 1940. A religiosa ia atrás deles numa comunidade carente que se formava nos mangues do Caminho da Areia, na Cidade Baixa, e que viria a se tornar a favela de Alagados. Ia se equilibrando naquelas pontinhas improvisadas de madeira para bater de porta em porta e ensinar o catecismo, dar esmolas e visitar os doentes que viviam em palafitas. "Meu coração estava invadido pela dor em ver tanta miséria ao meu redor", dizia ao se lembrar da época.

Se esse drama ainda perdura no Brasil de hoje, quão pior não devia parecer naquela época? Penso no relato do pequeno jornaleiro, por exemplo, um menino de mais ou menos doze anos. Vivia na rua e entregava jornal para ganhar uns trocados. Foi em 1939. Ele perambulava por aí com uma cuia suja e vazia nas mãos e uma esteira velha debaixo do braço. Certa noite, procurava um lugar para dormir. Estava com fome, mas nada tinha para comer. Também estava muito doente, com calafrios, dores e uma febre bem alta, e sem qualquer remédio. Alguém havia dito que procurasse Irmã Dulce, única pessoa que poderia socorrê-lo. E foi o que fez. Arrastou-se pela cidade até encontrar a freira pequenina e frágil num posto médico:

— Irmã, não me deixe morrer na rua!

Tocada, Irmã Dulce não sabia o que dizer. Deu-lhe um remédio e alguma coisa para comer, mas não sabia para onde levá-lo. Não havia nenhum abrigo disponível. Então, lembrou-se de um lugar onde havia algumas casas velhas e desocupadas: a Ilha dos Ratos.

Tomando o menino pela mão, andaram juntos até lá. Não sabia o que encontrariam. Tampouco sabia se daria tempo de fazer alguma coisa pelo menino, cuja malária já se encontrava em estágio muito avançado. Aquele pedido, porém, talvez o último daquela criança, ecoava na sua cabeça: "Irmã, não me deixe morrer na rua!"

Enfim, Irmã Dulce encontrou uma casa vazia, cujas portas, contudo, estavam trancadas.

— Moço, arrombe esta porta, por favor!

O pescador que vinha passando mal podia acreditar:

— O que é isso, irmã? Ficou doida? Isso é contra a lei!

— Eu sei, moço. Mas é preciso. Arrombe, por caridade. Eu me responsabilizo!

O pescador relutou um pouco, mas Irmã Dulce insistiu:

— Está vendo este menino? Está muito doente... Está morrendo. Eu preciso de um lugar para que possa cuidar dele. Deus não atende a todos nós? Por acaso ele recusa algum pedido nosso, quando suplicamos por necessidade? Então, como vamos recusar um pedido do nosso semelhante... De uma criança como esta? Por caridade, moço, arrombe esta porta para mim...

O homem ficou extremamente comovido, e as portas se abriram com um só golpe. Irmã Dulce lhe agradeceu; perguntou seu nome e prometeu que rezaria por ele. Então, acomodou o menino dentro da casa e saiu.

Foi à venda mais próxima e comprou leite, bolacha e uma lamparina para iluminar a escuridão da casa. Trouxe também Florentina, uma conhecida que morava por perto, para ficar de olho no menino doente, ao menos naquela noite.

Irmã Dulce tinha de retornar para encerrar o expediente no posto médico. No dia seguinte, voltou à Ilha dos Ratos para visitar o menino doente. Trazia com ela uma velhinha que morava na rua e estava com câncer terminal: por caridade, então, a porta novamente se abriu para acomodar um doente. Dias depois, sabendo de um tuberculoso que definhava num terreno baldio, arrumou uma carroça e aproveitou para abrigar mais um.

Essa caridade toda, contudo, não ficaria impune. O dono da casa foi informado e fez uma denúncia ao Centro de Saúde Pública da Prefeitura. Irmã Dulce foi chamada para dar explicações. Contou a história do menino, da senhora, do homem no terreno baldio... Falou da misericórdia Deus e da obrigação de ajudar o próximo. O funcionário, porém, não pareceu ter se comovido. Preocupada, foi à Ilha dos Ratos visitar seus doentes. Pediu a eles que rezassem.

Mais tarde, quando voltou com comida e remédios, ficou sabendo que o diretor de Saúde Pública de Salvador tinha ido até lá. Chegara com a testa franzida, averiguara a situação, examinara rapidamente os doentes e fora embora. Depois de quinze minutos, estava de volta. Tinha comprado comida no armazém e distribuído entre os doentes. Deu mais uma olhada na situação e foi embora com a testa ainda mais franzida do que quando chegara.

No mesmo dia o proprietário da casa foi pessoalmente ao local. Discursou sobre o direito de propriedade, enfatizou a irresponsabilidade de Irmã Dulce, ameaçou chamar a polícia... Mas, no final, concordou com a permanência daqueles pobres doentes por mais alguns dias. Também ele, ademais, saiu e voltou com uma sacola de comida para os doentes.

Além de prometer que não "abriria mais nenhuma porta", Irmã Dulce se comprometera a levar seus doentes dali. Iniciou-se então uma longa peregrinação da freira com os enfermos, uma vez que não havia lugar para eles.

Não havia lugar para eles.

Como no relato do próprio nascimento de Jesus.

"E Maria deu à luz seu filho primogênito; envolvendo-o em faixas, reclinou-o num presépio, porque não havia lugar para eles na hospedaria" (Lc 2, 7).

Acabaram, pois, indo para o velho mercado de peixes, próximo ao Jardim da Madragoa, que estava interditado havia algum tempo. O povo que já conhecia Irmã Dulce ajudava como podia, compartilhando comida e alguns remédios. Dessa vez, foi o próprio prefeito quem a chamou para dizer que também não poderiam ficar ali.

Iniciou-se novamente a peregrinação. Nessa via-sacra, Irmã Dulce via o rosto de Deus naquela gente maltratada e marcada pela dor. Certamente era essa a sua motivação. Certamente pensava no que Cristo anunciara a seus discípulos ao falar daqueles que praticavam a caridade aos mais necessitados. No fim, ouviriam da boca do próprio Jesus: "Vinde, benditos de meu Pai, tomai posse do Reino que vos está preparado desde a criação do mundo, porque tive fome e me destes de comer; tive sede e me destes de beber; era peregrino e me acolhestes; nu e me vestistes; enfermo e me visitastes; estava na prisão e viestes a mim" (Mt 25, 34-36). Dulce não se deixava contagiar pela brutalidade do mundo. Não! Assim como Verônica, oferecia um lenço para limpar aqueles rostos cobertos de feridas. No rosto de cada um que sofria, Irmã Dulce via o rosto do próprio Filho de Deus. "O pobre, o doente que vem à nossa porta, é um outro Cristo", dizia ela. "E devemos abrir as portas para recebê-lo de braços abertos."

Como ninguém recebia os seus doentes, como não havia lugar para eles, Irmã Dulce teve uma ideia que a princípio soava um pouco maluca. Mas os santos não tinham um pouco dessa loucura divina? Ela insistiu, portanto. Procurou a madre superiora e pediu permissão para levar seus doentes para o galinheiro atrás do convento. E, comovida, a madre autorizou. As galinhas foram retiradas, e o lugar, dividido em duas seções: a masculina e a feminina. Ali acomodaram setenta doentes.

Com o tempo, o rudimentar galinheiro foi se tornando um alojamento. Com a ajuda de doadores, os colchões subiram do chão para camas e o chão frio de cimento se tornou mais quente com tapumes.

As portas iam se abrindo. O pouco de cada um se somava. Um dia, aquele galinheiro se tornaria o hospital cujo símbolo é, até hoje, um tijolo que certo mendigo trouxera dentro de uma sacola de supermercado a fim de contribuir para sua construção.

Um Anjo Bom vindo do Céu

*"Se Deus viesse à nossa porta, como seria recebido?
Aquele que bate à nossa porta, em busca de conforto para
a sua dor, para o seu sofrimento, é um outro Cristo que
nos procura."*

Irmã Dulce, estou com frio.
Da janela do seu quarto, ela jogou um cobertor para o morador de rua que gritava pedindo ajuda. Pouco demorou para que aparecessem mais alguns.

— Irmã Dulce, eu também!
— Por caridade, irmã... Jogue um cobertor pra mim.
— Jogue um para o meu filho, irmã... Ele está doente!

Ajudada por uma das freiras, ela atirava todos os que encontrava pela frente.

Mas os cobertores acabaram, é claro, e ainda havia muitos gritando do lado de fora.

Então, Irmã Dulce jogou a colcha e o lençol de sua própria cama. Uma mulher conseguiu pegá-los e enrolou seus dois filhos.

— Deus lhe pague, Irmã Dulce!

— Ela precisa mais do que eu — disse Irmã Dulce para a irmã que a ajudava.

Os pobres, porém, pareciam não ter mais fim, e as freirinhas já não podiam mais fazer nada: haviam dado todos os seus cobertores e lençóis.

Os gritos e pedidos continuavam, continuavam, continuavam.

Para quem via em cada um deles o rosto de Cristo, era torturante.

Irmã Dulce desceu, então, até a capela. Deteve-se diante da imagem de Santo Antônio. Suplicou:

— Meu querido protetor, vós que nas noites de inverno saíeis às ruas para agasalhar os deserdados, sempre encontrando uma maneira de protegê-los, voltai os vossos olhos para os pobres da minha terra que precisam tanto quanto os da vossa época. Intercedei por eles a Jesus.

E continuou a rezar. Fez também súplicas diante da imagem de Nossa Senhora de Lourdes, que num lugar pobre da França aparecera a uma menina miserável — ali onde aconteceriam, depois, tantas curas milagrosas de deficientes, paraplégicos e doentes já desenganados, entre eles a própria fundadora da Irmãs Missionárias da Imaculada Conceição.

Irmã Dulce sabia que poderia sempre contar com a ajuda dos céus. Sabia disso porque experimentava um sentimento constante da presença de Deus em sua vida e nos acontecimentos que testemunhava. Sabia que tinha consigo a intercessão de seu santo padroeiro e de Nossa Senhora, que nunca deixara desamparado alguém que tivesse recorrido à sua proteção e implorado o seu socorro, como diz uma famosa oração de São Bernardo.

Pouco depois, de repente, uma caminhonete adentrou o pátio do convento. Um homem desceu e, sem falar nada, descarregou três fardos cheios de cobertores ali. Dulce correu para ver quem era o misterioso benfeitor. Estava um pouco escuro, é verdade, mas ela nunca teve dúvida: era Santo Antônio atendendo às suas preces. A mesma certeza sobrenatural tiveram as outras irmãs, que também reconheceram o santo naquele homem.

Anos depois, ela teria mais um encontro com os prodígios do seu santo padroeiro. Suas obras sociais viviam exclusivamente das doações dos vizinhos e de alguns empresários, e chegou um dia em que não havia comida nenhuma.

— A quem recorreremos agora? — ouvia-se.

Irmã Dulce foi em silêncio para a capela. Fazia esse trajeto naturalmente, como se fosse uma extensão de si mesma. Ajoelhou-se então diante da imagem de Santo Antônio e ficou ali por um bom tempo, até que outra irmã veio chamá-la para atender ao telefone:

— Tem uma senhora desesperada para falar com você.

A situação era inusitada, e Dulce se apressou para atender ao telefone.

— Irmã Dulce... Ocorreu algo muito triste hoje aqui em casa. Minha filha desmanchou o casamento na porta da igreja. Estava tudo preparado. A igreja linda, toda decorada. Minha filha com um vestido lindo que eu ajudei a escolher, irmã. Uma tristeza...

— Que tristeza! Sinto muito. Mas no que posso ajudar?

— É que agora tenho aqui toda a comida preparada para a festa: doces, salgados. Como não tem mais casamento, pensei que a senhora pudesse distribuir aí entre os doentes e os pobres.

— Minha filha, você não sabe como estamos precisando. Que Deus abençoe você e toda a sua família. E vou rezar a Santo Antônio para ajudar a sua filha a arrumar outro noivo para fazê-la muito feliz. Ele há de interceder!

A festa do casamento que não aconteceu fez a felicidade dos pobres e doentes de Irmã Dulce. E, enquanto todos comiam, ela voltou à capela, ajoelhou-se diante de Santo Antônio e lhe agradeceu por providenciar o alimento tão necessário. Não esqueceu, porém, de interceder pela noiva que não se casara.

Era sempre assim. Irmã Dulce fazia o possível para acolher quem tinha necessidade. Agasalhava os que passavam frio, dava de comer a quem tinha fome, cuidava dos que estavam enfermos... e também rezava para as jovens arrumarem casamentos.

Tudo isso parece cansativo, muito cansativo. E também não parece ser um mero trabalho filantrópico. Cada uma dessas histórias carrega uma energia diferente, a aparência de algo que não está apenas na superfície: Irmã Dulce não agia como se estivesse numa ONG, como se cuidasse dos outros de maneira formal apenas. Sua disposição era diferente e assumia, para além das obras de caridade, aspectos muito próprios e muito íntimos.

Quem olhasse para ela porventura teria como descobrir que Irmã Dulce quase não comia? Ela, afinal, fazia jejum três vezes por semana, e era muito comum que nos outros dias vivesse apenas com um pão e uma xícara de café com leite no estômago, os quais costumava tomar pela manhã. Às vezes, comia um pouco mais no jantar. Gostava de arroz, legumes e macarrão "cabelinho de anjo". Não comia carne nem doce. Nessas pequenas coisas, associava-se a Cristo no caminho para o Calvário, fazia lembrar o que certa feita escreveu São Paulo: "Completo na minha carne o que falta à Paixão de Cristo" (Col 1, 24).

Ela também dormia muito mal devido à sua doença respiratória. Sua capacidade de respiração era ínfima. A falta de ar a incomodava tanto na hora de descansar que era difícil encontrar uma posição confortável. Seu sono chegava no máximo a quatro horas, e era interrompido por tosses constantes. Às vezes, de tão prolongadas as tosses, era preciso fazer inalação ou recorrer a um tubo de oxigênio.

O dr. Taciano Campos, responsável por acompanhar sua saúde, dizia que Irmã Dulce atravessava horas aparentemente intermináveis com falta de ar. Aos que passavam a noite em claro junto com ela, a sensação era de tortura, de angústia.

Porém, o que impressionava a todos era que, no dia seguinte, mesmo quase não tendo dormido, além de ter passado mal a noite inteira, ela tomava o seu café com leite como se nada tivesse acontecido e então saía atrás dos seus pobres e doentes imediatamente. Fazia a ronda no hospital, visitava os pacientes e depois ia para a rua com seu olhar pidão, em busca de donativos.

Como no caso de todos os santos, não há de surpreender que tirasse força da Eucaristia, de Cristo feito pão e vinho. Dulce assistia à Missa e comungava todos os dias, seguindo nisso o que apregoava a regra franciscana: "Os irmãos e as irmãs participem do sacrifício de Nosso Senhor Jesus Cristo e recebam seu Corpo e Sangue com grande humildade e veneração..." Quem conviveu com a religiosa dizia que isso era, para ela, o centro, o essencial. Também rezava o Ofício Divino e a coroa franciscana, contemplando as sete dores e alegrias de Nossa Senhora. Confessava-se com regularidade e dedicava três momentos à oração mental diariamente. Quando na Bahia, brinquei com outras irmãs, perguntando: "Mas o que será que uma mulher como essa dizia na confissão?!" Irmã Josefa, respondendo no mesmo tom jocoso, de pronto declarou que Dulce devia inventar pecados; irmã Gorette pegou outro caminho: "Ela tinha lá seus defeitinhos, mas não digo quais são, não!"

Dulce sem dúvida concordaria. Humilde, se reconheceria pequenina. Nem sequer rezava em voz alta! Carregava vários terços no bolso e ia rezando sem parar, enquanto fazia o que tinha de fazer. Só quem tinha a graça de ouvi-la entoar suas preces em voz alta era o motorista que a levava para ver suas crianças e seus doentes. E esse espírito se conserva até hoje no Hospital Santo Antônio, em que atua um núcleo de capuchinhos junto às religiosas, rezando, ministrando a Sagrada Eucaristia, conversando...

Dom Avelar Brandão, arcebispo de Salvador na década de 1970, dizia que "a força de Irmã Dulce não se encontra nas suas obras materiais, mas na sua espiritualidade. Sua energia interior vem de Deus".

E poderia haver outra chave para compreendê-la?

Sim: nessa época era comum vê-la passando na rua com o seu hábito branco e azul, com seus passos lentos e o tronco arqueado como se carregasse uma cruz. Porventura, nesses momentos, nessas idas e vindas, tiraria o pensamento da Cruz que fazia tudo aquilo ter sentido? Comovia a todos ver aquela senhorinha com pouca saúde fazendo o possível e o impossível para cuidar dos mais necessitados. E ela não media esforços — do mesmo modo como Cristo não se poupara em momento algum, entregando sua vida por ela, pelos pobres, por nós. Por isso mesmo, se havia um doente, uma criança abandonada ou uma pessoa ferida na rua, ninguém tinha dúvida: a solução estava em chamar Irmã Dulce.

Em geral, tendemos a exagerar as ações dos santos, focando mais em seu lado sobrenatural do que na realidade humana, no fato de que eram de carne e osso como nós. Aqui, porém, todos são unânimes: não há exagero nenhum. Irmã Dulce chegou a ganhar fama de super-heroína ao salvar vítimas de um incêndio em 1952! Ela tinha 38 anos quando, bem em frente ao convento, colidiram um ônibus e um bonde. Houve uma explosão e começou um incêndio. Irmã Dulce olhou pela janela e saiu gritando:

— Fogo! Fogo! Vamos depressa... Tem um ônibus pegando fogo lá fora.

A brigada de incêndio era formada por Irmã Ana Maria, Irmã Hilária, Irmã Gregória, Irmã Aparecida e Irmã Dulce. Foi uma cena inusitada, para dizer o mínimo. Cinco freirinhas, com seus hábitos brancos e azuis, puxando uma mangueira para combater o fogo! E o que dizer das irmãs Gregória e Ana Maria correndo até o Cine Roma, que ficava do outro lado da rua, para pegar os extintores de incêndio, enquanto Irmã Dulce e Irmã Hilária tentavam quebrar o vidro do ônibus com uma pedra e uma barra de ferro?

De todo modo, o fogo ia ganhando intensidade, e as labaredas ficavam cada vez mais altas. As freirinhas conseguiram quebrar o vidro dianteiro e alguns laterais, por onde tiravam os passageiros feridos. Irmã Dulce enfrentava as labaredas que vinham em sua direção e se esticava para puxá-los. Seu hábito já estava todo chamuscado, mas ela continuava a resgatar tantos quantos pudesse. A cena se prolongou até a chegada dos bombeiros, que conseguiram arrombar a porta do ônibus. (E mesmo assim Irmã Dulce ainda conseguiu tirar mais algumas vítimas...)

O ar recendia um cheiro de combustível e borracha queimada. No final, as freiras estavam irreconhecíveis. Irmã Dulce e Irmã Ana Maria tiveram seus hábitos praticamente destruídos pelo fogo, e seus rostos estavam completamente negros de fuligem. Valera a pena, porém: as heroínas conseguiram salvar doze pessoas. No dia seguinte, as páginas dos jornais estampavam manchetes que exaltavam a coragem das irmãs.

Alguns anos depois, em setembro de 1959, um homem chamado William E. Brokaw, norte-americano que trabalhava como diretor da General Motors na Bahia, andava pela rua e viu uma mulher passar mal. Tentou chamar uma ambulância, mas não conseguiu. Algumas pessoas se aproximaram para ajudar e recomendaram que se chamasse a Irmã Dulce. Em menos de vinte minutos, surgiu ali uma freirinha magra e frágil. Só fisicamente frágil, na verdade, pois seu temperamento era de uma fortaleza sem fim: a freirinha parou um caminhão para levar a moça para ser atendida no galinheiro. Um caminhão!

Lá chegando, o senhor Brokaw ficou desconcertado com a falta de condições do lugar e decidiu ajudar: organizou uma comissão de caridade entre os americanos que moravam na Bahia. Conseguiram então o apoio de uma entidade sediada em Detroit, que passou a enviar remédios, e de uma outra ONG internacional, que começou a ajudar com recursos para comprar alimentos.

Essa estaria longe de ser a única grande ajuda de Irmã Dulce, e não pode haver dúvidas de que Deus se compadecia de seus afãs para cuidar dos pobres como se fossem o Cristo. Ou melhor: porque eram o Cristo. Também o governador da Bahia, Juracy Magalhães, se deixou impressionar por isso e resolveu ajudar a sanar o problema das instalações: mandou construir um albergue para doentes, com 150 leitos, num terreno que Irmã Dulce conseguira com empresários locais. No dia 8 de fevereiro de 1960, foi inaugurado o Albergue Santo Antônio. Também foi nessa época que ela recebeu, das mãos da primeira-dama da Bahia, dona Lavínia, o estatuto das Obras Sociais Irmã Dulce, que foi elaborado por seu pai, o dr. Augusto Pontes. Dizem que ela ficou brava por ter o seu nome dado à instituição, pois preferia Obras Sociais de Santo Antônio. Com algum esforço convenceram-na de que o seu nome estava famoso em todo o Brasil e isso ajudava a atrair pessoas e auxílios.

Era compreensível que Irmã Dulce não quisesse fama: tudo o que pudesse chamar atenção para si acabaria por colocar em segundo plano o serviço a Deus e aos sofredores. Quando recebia uma comenda, medalha, título ou homenagem, entregava para sua sobrinha, Maria Rita, que as guardava. Irmã Dulce sequer lia as reportagens sobre a sua vida e suas obras sociais. Tudo o que queria era que as pessoas a esquecessem e voltassem os olhares para Deus: "Esta obra não é minha. É de Deus. E o que é de Deus permanece para sempre", dizia. Por isso era difícil aceitar dar entrevistas e participar dos inúmeros programas de TV que passaram a ter interesse naquela freirinha baiana que cuidava dos necessitados. Todos argumentavam que seria bom para ampliar as obras, divulgando-a para todo o país. Com relutância, aceitou participar do programa do Flávio Cavalcanti, um dos mais famosos apresentadores da TV brasileira da época. A entrevista foi muito bem recebida pelo público. O Brasil inteiro pôde conhecer melhor o Anjo Bom da Bahia, como a chamava o escritor Jorge Amado. O programa ainda promoveu uma campanha de arrecadação de recursos que ajudou imensamente suas obras de caridade.

Algum tempo depois, tiveram de convencê-la a dar mais uma entrevista. Dessa vez, uma entrevista que causaria um impacto sem precedentes, concedida ao programa *Caso Verdade,* da Rede Globo.

— Espero que este programa possa resultar em ajuda aos meus doentes e às minhas crianças. Durante anos, eu pouco falei aos jornais e à televisão porque intimamente me sinto até hoje acanhada. Tenho vergonha. Além disso, não sou eu que faço essas coisas... É Deus quem faz. Na hora em que o programa estiver passando na televisão, ficarei rezando para que resulte em alguma coisa para o hospital e para as crianças.

E sempre resultou. Por mais difícil que fosse a situação financeira das obras de caridade capitaneadas por Irmã Dulce, nunca faltou comida, água, remédios ou luz elétrica para o funcionamento do hospital. Nas horas difíceis, apareciam benfeitores, fazendo lembrar uma célebre passagem bíblica: quando os israelitas atravessavam o deserto, depois de terem deixado o Egito, Deus disse a Moisés que lhes daria pão para sustentá-los, mas apenas o suficiente para cada dia. E era precisamente isso que ocorria com as obras de Irmã Dulce. Para uma pessoa como ela, firme na fé, não era difícil compreender que Deus ajuda os que recorrem a Ele por meio da oração, sobretudo nas dificuldades.

Na Mensagem aos Pobres de 2017, o Papa Francisco nos lembrou dessa realidade: "Um pobre jamais encontrará Deus indiferente ou silencioso perante a sua oração, pois Ele é aquele que faz justiça e não esquece." Era o ideal de Irmã Dulce. Ela sabia que todas aquelas coisas que fazia recebiam uma ajudinha dos céus. Toda a sua força estava na oração e na certeza de que, sem Deus, ela nada poderia fazer. "É por intermédio da oração que obtemos de Deus as graças necessárias para executar bem a nossa missão entre os pobres", dizia.

Assim, com muito esforço e penitência, foi construindo a sua obra social, onde acolhia todos aqueles que não encontravam mais lugar na sociedade. Seu trabalho com as crianças carentes comove, e comove muito. Professora como era, preocupava-se com a instrução básica das mais de 130 crianças acolhidas no albergue. Duas professoras a auxiliavam nas aulas. Muitos meninos de rua tiveram a chance de obter educação formal, uma profissão e, o que mais alegrava Irmã Dulce, de ganhar uma família. Era o seu "empurrãozinho" para que aquelas crianças pudessem ser bem inseridas na sociedade.

E havia, é claro, aqueles que precisavam ser *reinseridos*. Irmã Dulce não poderia admitir que um jovem que um dia cometera erros fosse considerado perdido. Diante de cada um, será que não pensaria nos tantos personagens bíblicos que haviam sido lançados à margem, desprezados, por conta de decisões erradas, de convicções tortas, de atitudes perversas? A adúltera prestes a ser apedrejada, São Mateus, Maria Madalena... E em todos eles Cristo havia apostado, de todos o Senhor se aproximara. Por isso, Irmã Dulce acompanhava de perto o Centro de Recuperação de jovens que já tinham cometido crimes. Lá, recebiam uma reorientação das suas vidas e a possibilidade de aprender uma profissão. Aprendiam a montar e consertar móveis, a alfaiataria e a panificação, e assim confeccionavam roupas e pães para eles mesmos e para as crianças do albergue — sem contar no asilo que recolhia idosos pobres que viviam nas ruas.

Maria Rita Pontes, sobrinha de Irmã Dulce e atual superintendente das Obras Sociais, diz que a freirinha dedicava dois dias da semana, quartas e sábados, às crianças. Precisava "deixar para trás todas as tarefas e problemas do hospital, viajar cerca de quarenta minutos de carro e, sem demonstrar cansaço, abraçar cada uma das crianças, ouvir suas queixas e apaziguar os ânimos". E ela o fazia bem: dava apelidos, levava balas, jujubas. Tocava acordeão. Dizia que era a hora em que conseguia deixar de ver tanta tristeza e ir para um ambiente de menos dor, menos sofrimento. E cantava: "Alecrim, alecrim dourado, que nasceu no campo..." No dia em que um médico lhe disse que não deveria sair da cama, a "mãezinha" de todos mandou um bilhete, pedindo que se comportassem, fizessem as orações e que os mais velhos tomassem conta dos mais novos.

E como conseguia tudo isso? O segredo, diz Maria Rita, era a quantidade de carinho. Carinho de quem meditava — repetia! — com frequência o que dissera Jesus: "Deixai vir a mim estas criancinhas e não as impeçais, porque o Reino dos Céus é para aqueles que se lhes assemelham" (Mt 19, 14).

O POUCO DE MUITOS SE SOMA

"Individualmente, nós nos comovemos em ajudar os que precisam, e isso é uma manifestação da fé de Deus. Mas é preciso criar estruturas de ação permanente, oficiais e da própria sociedade, para que essa fé unida seja capaz de nos fazer superar a miséria que ainda existe em nosso país."

Sou um menino pobre e por isso não posso lhe ajudar muito. Esses vinte cruzeiros são pra senhora comprar pão e dar para os pobres.

A carta com o dinheiro chegou às mãos de Irmã Dulce. Quem a enviara havia sido um menino de dez anos, de Minas Gerais. Tivera de pedalar alguns quilômetros para chegar à agência dos Correios. Tratava-se de uma contribuição modesta, mas de coração.

De uma contribuição entre muitas, muitas, muitas.

De fato, milhares de pessoas ajudavam as Obras Sociais Irmã Dulce, fosse por meio de doações, fosse dedicando parte de seu tempo livre a algum trabalho voluntário. Depois de aparecer na televisão, a religiosa passara a receber muitas cartas e doações de todo o Brasil. "Quando cada um faz um pouco, o pouco de muitos se soma", dizia.

Era o milagre da multiplicação, dos corações que se iam amolecendo diante do sofrimento alheio.

E essa multiplicação poderia assumir formas curiosas. Muitas instituições, por exemplo, também passaram a contribuir para aquele trabalho social. A empresa de água só cobrava a taxa mínima; a companhia de eletricidade parou de cobrar pela energia consumida no Hospital Santo Antônio; as padarias doavam pães amanhecidos; peixarias, açougues e supermercados davam bons descontos, e muitas vezes nem sequer cobravam pelas mercadorias.

Sim, é bem verdade que alguns comerciantes reclamavam quando ela simplesmente pegava uma caixa de leite em pó e saía sem pagar.

— Mas, irmã, assim eu vou à falência!

— Deus lhe dará em dobro, meu filho!

Ainda assim, compadecidos ou indignados, todos viam os frutos de seu trabalho. Por isso, mais e mais empresários e comerciantes a ajudavam, bem como trabalhadores e gente mais humilde, com muito pouco para dar. Ou melhor: muito pouco do ponto de vista humano; sobrenaturalmente, decerto Irmã Dulce poderia dizer deles o que Jesus dissera da viúva que entrara no Templo de Jerusalém e, como oferta, dera apenas duas moedinhas: "Em verdade vos digo: esta pobre viúva deitou mais do que todos os que lançaram no cofre, porque todos deitaram do que tinham em abundância; esta, porém, pôs, de sua indigência, tudo o que tinha para o seu sustento" (Mc 12, 43-44).

Maria Rita Pontes recorda que as crianças costumavam enviar brinquedos, roupas, parte da mesada e até o bolo de aniversário para ser repartido entre os meninos do Centro Educacional fundado por Dulce. Os jovens também faziam a sua parte, realizando feiras de arte e artesanato com fundos revertidos às obras sociais, além de campanhas de arrecadação de alimentos e roupas. Um grupo de evangelização até hoje trabalha junto aos doentes do Hospital Santo Antônio, levando esperança, espiritualidade e alegria por meio de intervenções artísticas que animam os enfermos.

Quem estranhará que, em situações assim, Irmã Dulce tenha feito grandes amigos? Não são as situações difíceis a pedra de toque da amizade verdadeira?

O dr. Edgard Mayer foi um desses amigos. Consta como um dos primeiros a se juntar a ela, na época em que atendiam os pobres, batendo de porta em porta, na favela de Alagados. Ambos contavam, ainda, com Bernardino Nogueira, que estava se formando em medicina, mas já auxiliava o dr. Edgar. Os dois faziam a consulta, e Irmã Dulce providenciava os medicamentos, pedindo ajuda a doadores. Os atendimentos eram feitos numa casa abandonada que tinha caixotes como móveis e cuja iluminação se resumia a uma lamparina.

As contribuições chegavam. O bem se difundia como costuma se difundir — sem alardes, com ternura, discreto. Irmã Dulce tinha grande capacidade de mobilizar pessoas e convencer benfeitores. Depois da peregrinação com os doentes desde as casinhas abandonadas na Ilha dos Ratos até o galinheiro do convento, ela mobilizou muita gente para transformar aquele lugar num albergue. Com as galinhas, fizeram caldo para os doentes famintos; em seguida, foram convocados os operários de um canteiro de obras vizinho para que limpassem o galinheiro, levantassem umas paredes e as cobrissem com um teto. Irmã Dulce foi até o carpinteiro, a fim de conseguir madeiras; ao construtor, para pedir cimento e tijolos; ao vendedor de cobertas, aos comerciantes e também aos estudantes, para que arrecadassem tudo o que poderia ser aproveitado: colchões, copos, pratos, talheres, madeiras, ferramentas...

Enquanto se arrumava tudo, os doentes esperavam no antigo prédio do Mercado de Peixes. Quando da mudança, o abrigo tinha algumas lamparinas de querosene, baldes e materiais de limpeza, meia dúzia de toalhas, cinquenta ou sessenta lençóis, alguns cobertores e os colchões que ficavam em cima dos suportes de madeira que serviam como camas. O lugar acolheu setenta pessoas, que se dividiam em dois ambientes: um, masculino, e outro, feminino.

As condições do hospital improvisado no galinheiro não eram das melhores. E, por isso, muita gente se compadeceu daqueles doentes, pobres demais para ter o luxo de um tratamento médico. Alguns se voluntariaram a ajudar: profissionais de saúde, religiosos, organizações civis que mandavam remédios, alimentos, roupas... Muitos médicos também consumiam seu tempo livre ali, junto aos renegados pela sociedade. "Quando nenhum hospital quiser algum paciente, nós o aceitaremos. Esta é a última porta, e por isso eu não posso fechá-la."

Irmã Dulce.

Ela e suas portas abertas...

E era mesmo abrindo portas que ela ia pedindo doações. Os que conviveram com Dulce se recordam da maneira peculiar com que fazia isso. Passava de porta em porta deixando uma sacola, onde as pessoas poderiam contribuir com o que lhes aprouvesse. Dentro havia pétalas de rosas, e ninguém resistia àquela delicadeza: ficavam comovidos e sempre contribuíam com um pouco mais.

No entanto, como já dissera o próprio Cristo, "a messe é grande, mas os operários são poucos" (Mt 9, 37). Mesmo com a ajuda que recebia, as dificuldades eram imensas. E de tal maneira que até o governador da Bahia à época, Juracy Magalhães, interveio para ajudar a construir um albergue com 150 leitos. Irmã Dulce ficou responsável por conseguir os donativos para a construção.

— Eu rezei e recebi a confirmação de que vocês me ajudarão a pagar as despesas — disse para um grupo de amigos e autoridades que se reuniu para auxiliá-la.

De fato, Dulce costumava dizer que "Deus provê e o povo ajuda". Mas é preciso ir além de sua santa humildade e reconhecer que também ela potencializava a graça divina. Dulce era mulher obstinada, a ponto de muitos dizerem que não era possível fugir daquela freirinha com olhar pidão. Era sempre objetiva e direta, mesmo com as mais altas autoridades.

Quando o presidente Eurico Gaspar Dutra visitou a Bahia, em 1947, Irmã Dulce cercou sua comitiva com mais de trezentas crianças em frente à Igreja do Bonfim.

— Quem é a freira?

Seu ministro da Fazenda, o baiano Clemente Mariani, tentou explicar tudo no meio da confusão. No entanto, o carro não podia avançar com aquela criançada toda na frente. O presidente, então, decidiu descer e verificar o que estava acontecendo. Irmã Dulce aproveitou a oportunidade e puxou conversa:

— Presidente, o senhor não quer ser meu avô?

Ele se virou e viu que era aquela freira pequenina. Sorriu e disse:

— Aceito! Pois avô é pai duas vezes!

Gaspar Dutra acabou tirando o dia para conhecer o trabalho social de Irmã Dulce. Alguns dias depois, o governo federal liberava a verba que ela havia solicitado.

Outro que não passou incólume diante dela foi o general Ernesto Geisel, quarto presidente do regime militar. Em 1976, ele visitou a Bahia.

Estimado Presidente,

Paz e bem!

Quando estiver voando aí no céu, perto de Deus, lembre-se do meu pedido e ajude nossos pobres aqui na terra.

Irmã Dulce.

Geisel encontrou este bilhete no bolso do paletó, dentro de um envelope com pétalas de rosas. Quando chegou a Brasília, tinha uma audiência com um empresário chinês que estava investindo no Brasil. Providencialmente, o chinês perguntou ao presidente se ele conhecia alguma instituição de caridade que pudesse aceitar um donativo. Ele indicou as Obras Sociais Irmã Dulce, e o dinheiro ajudou a equilibrar as contas da instituição, que sempre viviam no vermelho.

Se isso já parece ousadia o suficiente... Era só o começo. O olhar pidão da frágil freirinha não parava.

Em 1978, o general Figueiredo, o último presidente da era militar, visitou a Bahia ainda como candidato à presidência. Quis conhecer a Irmã Dulce, é claro, mas a religiosa estava muito doente e não pôde comparecer à audiência. Restou-lhe conversar rapidamente com ela por telefone.

Um ano depois, quando Figueiredo era já presidente, Irmã Dulce esteve no Rio de Janeiro para a formatura de sua sobrinha e aproveitou para ir até a residência oficial, que ficava no bairro da Gávea. Os seguranças informaram que não era possível encontrar Figueiredo fora da agenda presidencial. Diante disso, ela deixou-lhe uma carta e declarou à imprensa seu desejo de encontrar-se com o presidente, como tinham combinado ao telefonema no ano anterior.

Não obtendo resposta, a incansável freirinha foi ao encalço de Figueiredo no Jockey Club, onde ele estaria presente para o grande Prêmio Brasil. Quando questionada se ficava bem para uma freira frequentar o lugar, respondeu:

— Não vou pedir nada para mim... Vou pedir para os pobres!

Dulce estava cheia de confiança, mas novamente parou no esquema de segurança.

Era só questão de tempo, porém.

Meses depois, o presidente voltou à Bahia. Irmã Dulce, dessa vez, estava jogando em casa. Figueiredo visitaria o Albergue Santo Antônio, e havia uma pequena multidão em frente ao hospital esperando por ele. A pressão seria grande. Quando Figueiredo chegou, os policiais não conseguiram conter o povo, que invadiu a entrada do hospital para cumprimentá-lo. Irmã Dulce chegou, e eles enfim se conheceram. Os doentes jogavam pétalas de rosas para saudar o visitante ilustre. Estavam previstas apenas uma apresentação do corpo médico e uma conversa informal. Mas... porventura Irmã Dulce perderia a oportunidade de circular com o presidente pelo hospital? Ela queria que ele visse pessoalmente as condições precárias e a falta de recursos. E foi o que fez. Depois, contou-lhe como era difícil manter o hospital de portas abertas para atender os pobres. O presidente ficou bastante comovido. No final da visita, despediu-se dizendo:

— Irmã, conte comigo para o que der e vier.

Ela não se esqueceu daquelas palavras. Em 1982, Figueiredo estava de passagem por Salvador. Irmã Dulce, com sua santa cara de pau, aproveitou para cobrar o que lhe havia sido prometido:

— Presidente, estou aqui para lhe cobrar uma antiga promessa. Já falei com Santo Antônio, e ele me disse que o senhor só entrará no céu se nos ajudar na construção do novo hospital.

— Prometo que lhe darei o dinheiro, irmã, nem que tenha de assaltar um banco.

— Pois bem, presidente, pode contar comigo. Pelos meus pobres, até ajudo no assalto.

Na semana seguinte, o governo enviava cinquenta milhões de cruzeiros para a Associação Obras Sociais Irmã Dulce.

Parece estranha, devo admitir, essa espécie de proximidade dos poderosos. Em primeiro lugar, porque Irmã Dulce corporificava a "pequena via" de Santa Teresinha, isto é, uma vida de infância espiritual completa, de reconhecimento da própria impotência diante de Deus, de fazer-se menina para que Deus, como o Pai que é, se encarregasse de tudo o que julgasse necessário para ela e sua missão. Como uma criancinha nos braços do Pai, Irmã Dulce não precisava de cálculo e estratégias como os políticos. "Se um filho pedir um pão, qual o pai entre vós que lhe dará uma pedra? Se ele pedir um peixe, acaso lhe dará uma serpente? Ou se lhe pedir um ovo, lhe dará porventura um escorpião? Se vós, pois, sendo maus, sabeis dar boas coisas a vossos filhos, quanto mais vosso Pai celestial dará o Espírito Santo aos que lho pedirem" (Lc 11, 11-13).

Além disso, tratava-se de uma época de muita confusão política: o Brasil tinha vivido as repressões da ditadura militar, com todos os seus abusos e conflitos civis, e se preparava para a redemocratização. No entanto, não é possível esquecer que Irmã Dulce vivia sua tragédia particular com seus pobres e doentes, com as crianças de rua e as pessoas famintas. Não havia nenhuma assistência social. As preocupações eram imensas e consumiam todo o seu tempo e toda a sua energia. Por isso, quando questionada sobre os rumos políticos do país, ela sempre respondia: "Não entro na área política, não tenho tempo para me inteirar das implicações partidárias. Meu partido é a pobreza!"

Além disso, Dulce não era dada a essas polarizações que tanto vemos hoje. Via em todos filhos de um mesmo Pai: "Os ricos também são filhos de Deus. Tenho para mim que, se eles vissem de perto as necessidades, o estado de miséria, desta pobre gente (...) nas favelas, em barracos de papelão, cobertos de plástico, teriam mais caridade para com os pobres. (...) Pessoalmente, sempre que peço sou atendida, pois sabem e têm confiança em que tudo o que nos dão se reverte para os pobres."

E, dessa maneira, se dedicava, se dedicava, se dedicava e se dedicava ao partido da pobreza... Que atenção será que conferia às críticas segundo as quais sua atuação não passava de assistencialismo? Ela até teria boa vontade, mas uma freirinha daquelas! Conseguiria fazer mais do que algo paliativo, que não levava em consideração uma análise crítica das causas da pobreza?

— Muitas pessoas afirmam que eu faço mal em proteger e defender os pobres! — reconhecia. E retrucava: — Só quem vive diariamente com eles pode avaliar o quanto sofrem... Eles hoje estão morrendo, e não sabemos se estarão vivos amanhã. Por isso, quem está com fome hoje, mata a fome com pão hoje. Quem está enfermo hoje, deve ser tratado hoje.

E foi com esse espírito que cativou, também, um personagem da história política brasileira que se faz presente até hoje em nossos noticiários: o ex-presidente José Sarney. Sarney reconheceu que lhe beijara os pés, e tamanha foi a impressão que a freirinha lhe causou — impressão que carregaria consigo sempre e sempre —, que chegou a escrever, quando do anúncio da canonização de Dulce, um artigo falando sobre sua relação (sua admiração, na verdade) com a religiosa baiana. Nele, revela tê-la visitado até anonimamente; que indicara Irmã Dulce ao Prêmio Nobel da Paz de 1988... No entanto, para além de qualquer detalhe histórico, chamam atenção os adjetivos, as qualificações com que a irmãzinha é descrita: "frágil como uma pétala, débil como uma folha levada ao vento, mas plena de bondade, lutando até para respirar, lutando sempre pela sua grande causa, que era a causa dos pobres"; "tocha permanente, que brilhava para lembrar que não podemos ficar, somente, no usufruto dos nossos bens"; "ela era o cristianismo sem adjetivos, era uma esmoler dos doentes"; "Irmã Dulce era uma flor de amor e de bondade, esse desejo de ser um pedaço de Deus nas ruas de Salvador"; "santa como os profetas"; "alma inigualável"; "exemplo mundial de caridade".

Alguém estranhará que um amigo me tenha dito, diante de histórias assim, que se recordava de um trecho do hino entoado pela própria Virgem Maria em referência ao Senhor, quando se pôs a serviço de sua prima Isabel: "Sua misericórdia se estende, de geração em geração, sobre os que O temem. Manifestou o poder do seu braço: desconcertou os corações dos soberbos. Derrubou do trono os poderosos e exaltou os humildes. Saciou de bens os indigentes e despediu de mãos vazias os ricos" (Lc 1, 50-53).

Naturalmente, Dulce sabia que era preciso mudar muita coisa, que era necessário transformar a realidade social para diminuir a pobreza e tornar a vida das pessoas mais digna. No entanto, não era possível tapar os olhos para a realidade que se fazia presente todos os dias. Quem cuidaria do pobre, da criança de rua, dos velhos e dos doentes miseráveis que não tinham a quem recorrer enquanto essa transformação social não chegava?

— Se cada um fizer a sua parte, se cada pessoa se conscientizar do seu papel social, poderemos não resolver o problema da miséria no mundo, mas estaremos colaborando sensivelmente para diminuir os miseráveis e aplacar a dor de muitos sofredores.

Ela repetiu esse pensamento em muitas das suas entrevistas. E costumava complementar:

— A minha política é a do amor ao próximo.

Um amor ordenado ao próximo, porque se sentia muito amada por Deus. Sim, é verdade que isso soa como frase pronta, como clichê... Mas não é o destino das verdades ser assim, simples e meio óbvias? Simples, muito simples. A mesma simplicidade com que ia Dulce fazendo seu trabalho — sempre da melhor maneira possível, pois seus pobres eram o próprio Cristo. Se faltavam recursos e condições, não se podia dizer que faltava fé. As palavras do Evangelho ecoavam sempre na sua cabeça e ressoavam no seu coração:

— É verdade que Cristo nos ensinou a dar o anzol e não o peixe àquele irmão necessitado. Mas também disse para dar água a quem tem sede e pão aos que têm fome. Então, é preciso entender que um faminto pode não ter forças nem mesmo para pescar. Nesse caso, antes de dar-lhe o anzol, precisamos lhe dar água e pão.

Ela sabia que era importante fazer a caridade, e não apenas falar dela. Seguia o conselho de São Paulo, no famoso trecho da sua carta aos coríntios:

> Ainda que tivesse o dom da profecia,
> e o conhecimento de todos os mistérios
> e de toda a ciência,
> ainda que tivesse toda a fé
> a ponto de transportar montanhas,
> se não tivesse caridade,
> nada seria.
> (1Cor 13, 1).

E caridade era uma coisa que não faltava a ela. O Albergue Santo Antônio recebia tantos doentes que já não tinha mais espaço nem para andar nos corredores. Uma ampliação era urgente.

E, mais uma vez, foi Dulce mobilizando autoridades políticas, empresários, gente mais simples...

Maria Rita Pontes declarou que um dos momentos mais comoventes da campanha foi ver um mutirão de 750 alunos do Centro Educacional Santa Rita em fila pelas ruas do bairro de Roma, em Salvador, levando seus tijolos na cabeça até Irmã Dulce. Somavam-se aos caminhões que chegavam cheios de tijolos e cimento doados de maneira anônima, àqueles que modestamente mandavam uma telha, um saco de areia...

O antigo Banco Econômico fez uma campanha nacional: "Deus lhe pague — Irmã Dulce precisa de você." Dessa maneira, conseguiu levantar boa parte dos recursos necessários para erguer o hospital. "Deus provê e o povo ajuda", como ela costumava dizer.

Mas esse povo não se resumia só ao povo brasileiro. Como sói acontecer com os santos, a fama de Irmã Dulce esteve longe de ser apenas local. É bem verdade que ela já havia recebido muitas doações de organizações humanitárias dos quatro cantos do planeta, mas em 1962 vieram em seu auxílio os doutores norte-americanos Frank Raila, de Chicago, e John Curns, de Waukegan, que fecharam suas clínicas por um ano a fim de trabalharem voluntariamente no Albergue. Não era apenas dinheiro, mas presença, tempo, carinho. Bem-sucedidos, eles ajudaram a organizar os procedimentos para atender os doentes e separar a parte hospitalar dos setores de internação. Irmã Dulce achou aí uma oportunidade para ampliar o Albergue de Santo Antônio — o pontapé para a construção do novo hospital.

Ao lado do Albergue havia um terreno cujo proprietário era português: senhor Martins. Dulce, incansável e sempre atenta, foi procurá-lo, é claro. Martins, porém, não pareceu empolgado com a ideia. A freirinha não se deu por vencida e reuniu outras freiras e cada uma de suas colaboradoras. Queria dar a cartada certeira: todas se juntaram na capela e começaram a rezar a Santo Antônio.

Irmã Dulce sabia que poderia contar com a intercessão do seu santo padroeiro. Quando estive na Bahia, pude ver a imagem diante da qual rezava, dentro de uma redoma de vidro, todo quebradinho: faltavam pedacinhos nas pernas do menino Jesus, uma das mãos do santo já se fora, a cabeça ostentava mais do que uma simples careca... Mas era aquele o santo com que Dulce sempre partilhara tudo, a imagem que ela botava sempre de cabeça para baixo ("A irmã podia porque era íntima do santo!", disse-me uma das religiosas que convivera com ela) e da qual sempre conseguia o que pedia. No dia seguinte, portanto, o senhor Martins a procurou por iniciativa própria e, comovido diante do trabalho feito com aqueles pobres doentes, disse:

— Irmã, eu lhe darei este pedaço de terra. É seu!

Sim, é verdade: tudo é graça. Deus sempre nos precede em bondade, nada podemos sem Ele. Mas... Não é verdade que a graça muitas vezes precisa de um canal, de alguém que ajude a tornar os corações menos duros às dificuldades alheias? E era assim com Irmã Dulce: muita gente de boa vontade se colocava à disposição por ver nela uma capacidade de ação extraordinária. Enquanto muitos discutiam as causas da miséria, ela estava trabalhando para minimizá-la. "Miséria é a falta de amor entre os homens", dizia. E mais: "Não há nada mais forte que um povo inspirado pela fé. Às vezes amanheço sem nada em casa e, quando volto, tenho sempre o necessário para aquele dia." Na vida de Irmã Dulce, cumpria-se precisamente a promessa de Cristo: "Não vos aflijais, nem digais: Que comeremos? Que beberemos? Com que nos vestiremos? São os pagãos que se preocupam com tudo isso. Ora, vosso Pai celeste sabe que necessitais de tudo isso. Buscai em primeiro lugar o Reino de Deus e a sua justiça e todas estas coisas vos serão dadas em acréscimo. Não vos preocupeis, pois, com o dia de amanhã: o dia de amanhã terá as suas preocupações próprias. A cada dia basta o seu cuidado" (Mt 6, 31-34).

Dulce também contava com o apoio da família. O pai, dr. Augusto, além de inspiração para o seu trabalho de caridade, foi também um grande apoiador das obras sociais da filha. Viajava o país inteiro para se encontrar com políticos, comerciantes e empresários que poderiam se tornar doadores. Logo ele, que por duas vezes não deixou a filha entrar para o convento, agora via maravilhado todo aquele projeto.

Já Dulcinha, além de irmã, foi uma companheira fiel por toda a vida. Obviamente, jamais imaginou que a ajuda aos pobres chegaria tão longe, quanto mais que aquele silêncio enigmático de Santo Antônio, quando perguntara sobre a vocação da irmã, guardava coisas tão grandes. Mesmo quando se casou e foi morar no Rio de Janeiro, ambas se falavam todos os domingos por telefone. Não obstante, tinham temperamentos bem diferentes: Irmã Dulce era introvertida; Dulcinha, expressiva, do tipo "festeira", que sempre deixava saudades quando tinha de voltar para o Rio. Chegou a passar madrugadas trabalhando pelos pobres com a irmã. Depois que ficou viúva, dividiu seu tempo entre sua casa no Rio e o quartinho, sempre pronto a recebê-la, no Convento Santo Antônio. Quando Irmã Dulce ficava muito doente, Dulcinha a substituía até que recuperasse a saúde. Eram "dois corpos, mas uma só alma", como costumava dizer Irmã Dulce.

Além do pai e de Dulcinha, Dulce via em outro religioso uma das figuras mais importantes de sua vida. O frei — e padre — franciscano Hildebrando Kruthaup, nascido na cidade de Borringhausen, na Alemanha, em 1902, era filho de camponeses e já havia decidido pela vida religiosa com apenas 14 anos. Também já demonstrara certa disposição para ajudar os pobres, e por isso sentiu-se chamado à Ordem Franciscana em 1923. Atraía-o o ideal de pobreza representado por São Francisco de Assis. Um ano depois, já estava no Brasil em missão evangelizadora. Sua visão apostólica da vida religiosa era bastante ampla: fundou a rádio Excelsior, uma rede de cinemas, um mosteiro carmelita na Bahia, a Casa de Retiro São Francisco, as Obras Sociais Franciscanas e, junto com Irmã Dulce, o Círculo Operário da Bahia.

Essas eram duas vidas que se complementavam desde o princípio, tendo como ponto de contato as obras de caridade. No entanto, por trás da aparente seriedade e solenidade dessa amizade santa, Deus quis exercer um pouco de seu senso de humor. Afinal, Frei Hildebrando e Irmã Dulce só tiveram essa história em virtude de uma briga — uma briga entre irmãs. Irmã Dulce, quando ainda a jovem

Maria Rita, havia se desentendido com Dulcinha. Depois da bronca que ambas receberam da tia Madaleninha, foram obrigadas a ir se confessar na Igreja de São Francisco. Era uma quarta-feira, e quem atendeu as confissões foi... Frei Hildebrando, o alemão grandalhão recém-chegado ao Brasil. Felicíssima coincidência! Ou melhor: santa Providência! Irmã Dulce criou afeição por aquele frade, que acabou se tornando o seu diretor espiritual.

Mais do que as estatísticas dos atendimentos nos hospitais, escolas, abrigos de crianças e idosos, as quais poderiam preencher algumas páginas, o que mais vale são os testemunhos de pessoas que foram beneficiadas pelas Obras Sociais Irmã Dulce. Desde o menino jornaleiro que não queria morrer na rua, foram tantos e tantos os que pediram a sua intercessão... Os doentes que encontraram abrigo no antigo galinheiro, as crianças que deixaram as ruas para ter a oportunidade de um futuro mais digno, os idosos que foram acolhidos com carinho...

Lá na periferia, pelos Alagados, onde Irmã Dulce ia se equilibrando até chegar os mais necessitados, a miséria era indescritível. E ela não apenas teve compaixão daquelas pessoas, mas se identificou com eles, com os seus "irmãos mais pequeninos". Via neles o Cristo, era neles o Cristo, agia para com eles como o Cristo.

No dia da inauguração, que logo veremos, do tão sonhado Hospital Santo Antônio, em 8 de fevereiro de 1983, Frei Hildebrando deu um testemunho que resume bem a obra de Irmã Dulce. São palavras de um pai espiritual, decerto, mas também de um irmão na caridade:

> *Eram tantos os pobres que te procuravam! Eram os famintos que te estendiam a mão pedinte. Eram os meninos de rua, abandonados, para os quais tiveste de arranjar um local apropriado. Eram as crianças excepcionais que te confiavam e te exigiam cuidados especiais. Eram os velhos mal cobertos, usando apenas farrapos, que precisavam de um abrigo. Eram os doentes tísicos que precisavam de acomodações e tratamento especial. Enfim, eram tantos e tantos os enfermos em estado lastimável que precisavam de socorro urgente e vinham tantos e tantos, cada vez mais carentes de auxílio, pedindo e suplicando, que Irmã Dulce um dia deu um grito: "Não há mais espaço, não há mais leitos! Preciso de um novo hospital!".*
>
> *Este grito repercutiu em toda a Bahia. E ecoou por todo o Brasil. E todos ajudaram. Aí está, irmãos... é a Ação de Graças!*
>
> *E, finalizando, uma palavra especial para ti, Irmã. Tu sabes e acreditas, de fato, que o que Cristo um dia solenemente proclamou, em voz bem categórica: que Ele se esconde no próximo necessitado; e o que a este se faz, é a Ele mesmo que se faz.*
>
> *Ele também te dirá, no Dia do Juízo: Eu tive fome e me deste de comer; tive sede e me deste de beber; estive doente e me acolheste carinhosamente. Eu estava naquela criatura esfarrapada, morrendo de fome, atirado*

num canto escuro da rua, e tu arrombaste aquela casa velha, abandonada, para me salvar a vida.

Muito obrigado, Irmã Dulce. Vem comigo agora. Entra comigo na glória do meu Reino. Por todos os séculos dos séculos. Amém!

"Estou aqui para servir"

"Não existe estado mais sublime do que o da pessoa que consagra a sua vida a Deus."

Além de pai espiritual, Frei Hildebrando seria um importante parceiro no aprimoramento da classe operária na Bahia. A Doutrina Social da Igreja vinha se consolidando à época, sob a inspiração da encíclica *Rerum novarum*, do Papa Leão XIII; e, diante dos novos problemas sociais surgidos no começo do século XX, era impossível ignorar o convite do Evangelho à ação social — uma ação em favor daqueles que cada vez mais se viam indefesos. Não à toa, grandes nomes contemporâneos de Irmã Dulce entraram para a História... e para o céu. Katharine Drexels, norte-americana nascida em família muito rica, mas que abandonou tudo depois de conhecer a triste realidade dos mais necessitados; a famosa ativista Dorothy Day, que ao lado do padre Peter Maurin lutou pelos operários e criou as "Casas de Hospitalidade", onde os pobres eram bem-vindos e recebiam ajuda material e espiritual; a célebre Madre Teresa de Calcutá, que com o padre Celeste van Exem, jesuíta belga, fundou uma ordem religiosa que até hoje serve os mais pobres dos pobres... Irmã Dulce e Frei Hildebrando estavam em boa companhia, sem dúvida.

No Brasil, as Obras Sociais Franciscanas acompanharam o progresso da Doutrina Social, tentando amenizar a pobreza por meio do assistencialismo e também reorganizar as condições de trabalho, com a criação dos Círculos do Trabalhadores. Frei Hildebrando Kuthaup foi um dos pioneiros na organização dos movimentos operários no Brasil, e vinha realizando um bom trabalho na Bahia, junto com a Congregação Mariana. Irmã Dulce, por sua vez, em cujo coração cabia todos, além dos seus trabalhos sociais acolhendo os mais necessitados também se reunia com os operários na hora do almoço, a fim de catequizá-los. Era uma oportunidade para unir forças, para tentar modificar um pouco as estruturas sociais e evitar que a miséria se tornasse cada vez maior.

Surgiram, assim, os Círculos Operários da Bahia. Frei Hildebrando era o cérebro, o organizador; Irmã Dulce, o coração, que colocava todos os planos em ação.

Eles tinham uma profunda união espiritual, e decidiram organizar a primeira reunião dos trabalhadores. Sem muito sucesso, porém: na verdade, foi um fiasco. Apareceram somente quatro homens e seis mulheres. Muita gente aconselhou Irmã Dulce a desistir — ela já tinha, afinal, muito trabalho resgatando os pobres e doentes nas ruas. Desistir, porém, era um verbo inexistente para quem confiava em Deus. Dulce tivera a experiência de começar com alguns pobres na porta da sua casa; Frei Hildebrando, a de ter fundado uma rádio, uma rede de cinemas, um mosteiro, uma casa de retiro e tantas outras obras. Com toda essa bagagem, quem desanimaria?

A insistência valeu a pena. Na segunda reunião, surgiram mais de duzentas pessoas. A partir dali, freira e frade se dedicaram à União Operária São Francisco, fundada em 31 de outubro de 1936. Tratava-se do primeiro movimento operário cristão no Brasil. Os dois conseguiram uma sede e instalaram um ambulatório e uma farmácia para atender os trabalhadores.

O movimento foi crescendo. Menos de um ano depois, a União Operária São Francisco foi transformada em Círculo Operário da Bahia. Além da assistência médica e farmacêutica que já recebiam, os sócios tinham à disposição atividades culturais e recreativas, bem como proteção social mediante a defesa de direitos básicos, uma vez que a legislação trabalhista ainda era muito precária. Um dos primeiros sindicatos de trabalhadores do Brasil, havia nele incentivo para a criação de cooperativas e ajuda mútua através de um fundo de auxílio e de empréstimos a quem não tinha acesso aos bancos. Havia, ainda, algo bastante peculiar, que era muito comum nos movimentos inspirados pela Doutrina Social da Igreja: a distância da política partidária.

A Igreja, tanto ali como hoje, se mostrava muito preocupada com as ideologias que arrastavam multidões para os fins políticos que haviam acabado de levar a duas guerras mundiais. Como Deus não fazia nem faz acepções de pessoa em sua misericórdia, era recomendado evitar a politização das obras de caridade.

A união de Frei Hildebrando e Irmã Dulce já havia sido realizada na fé, por meio da direção espiritual. Agora, ela se consolidava também no trabalho social, que ambos tinham ciência de ser conduzido pela vontade de Deus. "A luta pode ser cada vez maior; porém, tudo é possível e se torna melhor quando se confia em Deus." A frase é de Irmã Dulce, mas poderia ser compartilhada com seu diretor. E ambos sabiam que melhorar as condições materiais era o primeiro passo para reaproximar as pessoas da fé. A terrível miséria, muitas vezes, leva as pessoas a um estado de desespero e, sem esperança, o abandono religioso se aproxima. "Queremos ir ao encontro dessa pobre gente, levando-lhe conforto material e espiritual", dizia Hildebrando.

E eles foram. Já em 1939, o Círculo Operário da Bahia contava com quatro mil sócios. Gozavam de uma escola infantil para os filhos dos operários, na qual havia algumas vagas reservadas a quem ainda não tinha condições de contribuir para o sindicato. Mais uma vez, o pouco de muitos se somava, como costumava dizer Irmã Dulce.

Tudo ia muito bem... até que sobreveio a Segunda Guerra. Sim, é estranho: um evento do outro lado do oceano afetando um sindicato na Bahia... Mas é preciso lembrar que, com o nazismo, os alemães se tornaram inimigos, e muitos dos franciscanos que estavam no Nordeste eram alemães — como Frei Hildebrando. O Brasil havia entrado na guerra contra a Alemanha em 1942, e por isso eram muitas as manifestações antinazistas. O clima, como se pode imaginar, foi se tornando insuportável para os alemães que moravam no Brasil. Eles não tinham culpa alguma do que estava ocorrendo em seu país. Não tinham culpa de Hitler ter chegado ao poder. Mas, como a antipatia já se espalhara, não demorou para que solicitassem que os alemães fossem afastados das obras sociais da Igreja.

Foi esse o destino de Frei Hildebrando. Embora afastado do Círculo Operário, ele continuava a orientar Irmã Dulce, que passou a ser a protagonista do movimento dos trabalhadores baianos. E não faltaram críticas pelo fato de uma freira andar no meio dos operários. Em 1946, o Círculo foi reconhecido pelo governo como instituição de utilidade pública, o que permitiu que pudesse obter financiamento. Também se tornou instituição sem fins lucrativos, o que lhe garantia isenção de impostos.

Faltava, contudo, uma sede própria. Irmã Dulce, com sua energia, já havia conseguido metade do dinheiro para comprar um terreno próximo do Largo de Roma, em Salvador. Então, resolveu pedir ajuda ao governador do estado, Renato Pinto Aleixo. Ele estava em casa, ainda tomando seu café da manhã, quando Irmã Dulce chegou:

— Bom dia, meu padrinho, sonhei com o senhor esta noite.

— Comigo?

— Sonhei que o senhor me dava uma pedra de presente.

— Ah!... Se é só isso, está bem. Eu lhe dou a pedra! — disse ele sorrindo, já imaginando o que estava por vir.

Já rindo, Irmã Dulce falou:

— Obrigado, padrinho, mas tem um porém...

— E qual é este porém?

— A pedrinha custa oitenta contos de réis!

O governador balançou a cabeça e respondeu:

— Então temos realmente um porém. Acho até que tem algum engano, irmã...

— Engano? O que quer dizer? O senhor não vai poder ajudar? — perguntou, já preocupada.

— Não foi isso o que eu disse, irmã...

— Então?

— A senhora se enganou no sonho. Porque a pedrinha não vale oitenta contos. Ela vale cem contos. Mas se preferir uma de oitenta contos, tudo bem...

Os dois começaram a rir. Irmã Dulce era bastante previsível. Ainda assim, ninguém resistia ao olhar pidão daquela freirinha frágil, que já tinha feito tanto pelos pobres. A religiosa saiu de lá radiante, e naquele mesmo dia se colocou aos pés de suas famosas imagens de Santo Antônio e Nossa Senhora de Fátima para agradecer a graça alcançada. Agora, ela tinha o dinheiro necessário para a compra do terreno. Era mais uma porta que se abria...

Mas era também apenas o primeiro passo. Faltava ainda o valor para a construção, e portanto a freirinha teria de recomeçar a peregrinação e as orações, pedindo a intervenção do seu santo padroeiro e de Nossa Senhora.

Não era nada fácil. A situação econômica estava cada vez pior em toda parte, e com isso aumentava o número de pobres e doentes nas ruas. A crise também dificultava a arrecadação de recursos. Os industriais não deixavam de contribuir, mas as doações estavam diminuindo. Foram realizadas algumas campanhas, mas só conseguiram o dinheiro suficiente para cobrir um terço das dívidas. Então, Irmã Dulce viajou para o Rio de Janeiro, que na época era a capital do Brasil, a fim de procurar doadores. Frei Hildebrando estava certo de que ela conseguiria resolver o problema, mas todos estavam muito preocupados com a situação.

Quando Irmã Dulce voltou com três milhões de cruzeiros do Instituto dos Industriários, todos ficaram se perguntando como aquela freirinha frágil e, na maioria das vezes, doente era capaz de tantas coisas.

Confiada à proteção de Santo Antônio, a sede do Círculo Operário foi inaugurada. À época, tratava-se da maior associação de trabalhadores da Bahia, com mais de 14 mil sócios. Mantinha um serviço completo de assistência aos operários: ambulatório médico, dentista, escola, cursos culturais e profissionalizantes, biblioteca, além de uma farmácia e um salão de eventos. Irmã Dulce fazia questão de atender também os pobres que não podiam contribuir como associados.

As coisas pareciam ir se acertando. As dívidas estavam praticamente quitadas, e Frei Hildebrando logo pôde voltar à assistência eclesiástica do Círculo Operário: depois de toda a confusão que envolvera a questão da guerra contra os alemães, ele conseguiu a cidadania brasileira, concedida pelo presidente Eurico Gaspar Dutra, atendendo a uma comissão especial de personalidades baianas que achavam justo dar a condição de brasileiro àquele franciscano alemão que tanto já havia feito pelo Brasil.

No entanto, a tranquilidade se mostraria fugaz. Os circulistas logo passaram a assumir posições políticas, e as finalidades assistencialistas, que foram o seu foco desde a fundação, perderam força com a iniciativa do poder público de construir escolas nas periferias e nos bairros operários. Em 1962, deu-se a separação do Círculo Operário e a comunidade franciscana que o fundara. Tratou-se de uma separação foi dolorosa, com muitas discussões. A história começara em 1937, a partir de uma ideia de Frei Hildebrando, que resolvera procurar a famosa Irmã Dulce; em 1967, sem o auxílio de ambos os religiosos, o Círculo foi diminuindo progressivamente, até que em 1972 deixou de existir.

Com o fim das atividades entre os trabalhadores, Irmã Dulce pôde se dedicar totalmente aos compromissos das Obras Sociais. Não faltavam frentes de batalha para combater a pobreza e auxiliar os mais necessitados. Eram ainda muitas as crianças a serem tiradas das ruas, muitos os doentes necessitando de cuidados... O galinheiro que havia se transformado em hospital já não dava mais conta de tantos pacientes — e era preciso construir um lugar maior.

Havia um terreno ao lado do Albergue Santo Antônio. Irmã Dulce pensou que seria o melhor lugar para a expansão. No entanto, o terreno pertencia a uma empresa que havia pedido falência, o que tornava muito burocrática a sua aquisição. Ela procurou, então, o representante da empresa, o advogado Phidias Martins, e pediu-lhe que ou doassem ou vendessem a propriedade. No entanto, parecia muito difícil concretizar o negócio, uma vez que a empresa tinha débitos com a prefeitura e com o estado da Bahia. Era preciso propor um acordo com os órgãos públicos a fim de resolver as pendências e tentar adquirir o terreno para a construção do hospital.

Com muita habilidade, Irmã Dulce conseguiu convencer o governador a receber o terreno como liquidação da dívida da empresa, mas o problema maior era a hipoteca junto ao Banco do Nordeste. Tudo ficava cada vez mais difícil, mas Irmã Dulce sempre insistia. Ativa, vigorosa, aproveitou um evento de banqueiros em Salvador e foi pessoalmente se encontrar com o presidente do Banco do Nordeste, Camilo Calazans. Explicou-lhe o problema e só saiu de lá quando Calazans lhe garantiu que cancelaria a hipoteca. A audácia de Irmã Dulce garantia mais um passo para a construção do tão sonhado hospital.

Dias depois, Calazans voltou a Salvador. Visitou as Obras Sociais Irmã Dulce e, antes de ir embora, fez uma doação de trinta milhões de cruzeiros para a construção de uma ala para crianças excepcionais. As portas iam se abrindo novamente, e Irmã Dulce já conseguia imaginar o novo hospital funcionando. Os trâmites burocráticos foram se resolvendo, até que o advogado Phidias Martins entregou a escritura com a doação do terreno.

— Não fique zangado comigo, meu irmão, mas quando falei com você a primeira vez, não tinha esperanças de que isso aconteceria. Não conseguia imaginar que o advogado da empresa pudesse fazer tudo o que você fez por mim. Muito obrigado!

Phidias, é claro, ficou comovido — e também feliz — por ter ajudado na concretização do sonho de Irmã Dulce, que era também o sonho de todos os pobres doentes da Bahia.

Com a propriedade do terreno, deram entrada no alvará para iniciar a obra. Os bancos Econômico e Sul Brasileiro ajudaram com campanhas entre seus clientes e arrecadaram boa parte do dinheiro exigido para a construção. O Governo Federal também liberou algum recurso, e a outra parte veio de doações feitas por meio de campanhas de televisão. As obras de Irmã Dulce ressoaram para além do estado da Bahia e uniu o Brasil inteiro. Todos queriam ajudar, de tal modo que Dulce recebeu ali sua indicação ao Prêmio Nobel da Paz.

Àquela freirinha, porém, qualquer reconhecimento de nada valia. O que realmente interessava era a inauguração do novo hospital. Concluída a obra, marcaram a inauguração para um dia muito especial: 8 de fevereiro de 1983. Era a data em que Irmã Dulce havia entrado para o convento, cinquenta anos antes. Ela, portanto, teria dois motivos para comemorar quando de seu jubileu de ouro como freira da Congregação das Irmãs Missionárias da Imaculada Conceição da Mãe de Deus.

Irmã Dulce aproveitou para renovar os seus votos na capela do Convento Santo Antônio, com a cerimônia realizada por seu amigo e diretor espiritual Frei Hildebrando Kruthaup:

> *Eu, Irmã Dulce, celebrando os 50 anos de serviço ao Senhor, renovo os meus votos a Deus, para viver para sempre em castidade, pobreza e obediência, no Espírito do Evangelho, de acordo com a Regra da Ordem Terceira Regular de São Francisco e as Constituições das Irmãs Missionárias da Imaculada Conceição da Mãe de Deus. Desejo viver minha consagração batismal mais profundamente e assim unir-me de modo especial à Igreja e seu mistério.*
>
> *Ó Jesus, eterno Sumo Sacerdote e vítima, na presença da Gloriosa e Imaculada Virgem Maria, de todos*

os santos da ordem seráfica e toda a corte celeste, eu, Irmã Dulce, solenemente, renovo minha Consagração a nosso misericordioso amor para viver e morrer como vítima pela santificação dos nossos sacerdotes.

Que meu humilde oferecimento seja uma fonte de bênçãos para a Santa Mãe Igreja, vossa esposa, e para os sacerdotes escolhidos por vós com amor e predileção para participarem do mistério do vosso Eterno Sacerdócio. Amém!

Além de renovar os votos da vida consagrada, Irmã Dulce também renovou os da sua consagração à Ordem Terceira Franciscana, feito quando ainda jovem, aos quinze anos. Ela estava em sintonia com a espiritualidade da Ordem de São Francisco, que vive intensamente o mistério da Encarnação e da Paixão redentora. Por isso, sempre se empenhava em comemorar o Natal com muita alegria, montando os presépios e reunindo todos para fazer orações de ação de graças. Também tinha uma devoção especial à via-crúcis, que rezava de braços abertos em cruz, como na tradição dos franciscanos, em forma de súplica e penitência. Além disso, não podemos esquecer que era muito devota de Nossa Senhora, a quem jamais deixava de agradecer por todas as graças que recebia, e de Santo Antônio, santo padroeiro que, após tanto lhe ajudar nos momentos difíceis, recebeu ali um agradecimento todo especial.

Depois de cada oração e dos votos pronunciados, Frei Hildebrando fez uma homilia lembrando a trajetória de Irmã Dulce, que graças à Providência acabara se encontrando com a sua.

> *Quis a Providência Divina que Irmã Dulce, há 64 anos, quando era ainda uma meninazinha, fosse confiada à minha direção espiritual. Após algum tempo, sob a minha orientação, entrou na Ordem Terceira de São Francisco. Depois, surgiu nela a vocação para servir inteiramente a Deus como religiosa das Irmãs Missionárias da Imaculada Conceição. Naquela oportunidade, quando ela vestiu o hábito, colocaram-lhe uma coroa de espinhos, como era costume na liturgia da época. Algo bem significativo, que expressa bem a vida de luta, com todas as dificuldades, provações e desenganos dolorosos. Mas ela nunca se deixou abater. Mesmo adoentada e tossindo, foi adiante em busca do seu ideal.*

O hospital foi inaugurado três meses antes do previsto. Muitos consideravam aquilo um milagre. Eram mais quatrocentos leitos para os pobres da Bahia! Também constituía um marco na história do Brasil, dado tratar-se do primeiro hospital inteiramente público, que recebia de braços abertos todos os pacientes que não eram aceitos em outros hospitais. "Essa é a última porta e, por isso, não posso fechá-la", dizia a freirinha.

"Nosso hospital é como um navio navegando sobre a tempestade, mas tendo como comandante Deus. Por isso ele segue calmo, sereno, nada o perturba."

Os esforços de Irmã Dulce ecoam até hoje. O Hospital Santo Antônio é o maior complexo de saúde pública do Brasil. Quem, como eu, já pôde estar lá, fica encantado, deslumbrado, desconcertado. É responsável por quase metade dos atendimentos de Salvador, com mais de dois milhões de procedimentos médicos por ano. Ostenta 1.336 leitos, alas para tratamento de câncer e para crianças especiais; recebe por mês mais de 18 mil pacientes para internações e realiza mais de 19 mil cirurgias. Ainda oferece atendimento em mais de dezessete especialidades médicas, e também é referência em pesquisa, com parcerias com a Fiocruz e as universidades de Cornell e Berkeley, nos Estados Unidos.

As crianças também têm o seu lugar, é claro. Tudo começou num velho barracão onde eram alimentadas, alfabetizadas e ainda recebiam aulas de carpintaria, alfaiataria, panificação e artesanato. Irmã Dulce tinha uma relação maternal com os meninos, e esse afeto se tornou uma marca do Centro Educacional Santo Antônio, inaugurado em 1994 e que hoje atende oitocentas crianças e adolescentes em situação de pobreza. Oferece ensino fundamental e profissionalizante. Quando estive na Bahia, pude ter a dimensão do carinho de Irmã Dulce quando perguntei a seu Raimundo, outrora morador do orfanato, sobre suas lembranças do Anjo Bom da Bahia. Sua resposta me comove até agora, e basta fechar os olhos para que me lembre de como ele narrava aquela freirinha jogando bola com os meninos...

— A irmã, na minha vida, foi transformação. Ela está sendo canonizada, mas não ia querer isso se fosse viva. Era muito simples e humilde. Nunca queria ser homenageada.

Naturalmente, eu quis saber qual era sua melhor lembrança.

— Ah, os dias em que ela dormia no colégio... e me acordava de manhã. Era só minha. "Meu filho, acorda, está na hora..." E botava sua mão gelada no meu rosto.

Como todas as crianças dividiam aquela mãe maravilhosa, ter uma frase, um momento, dela só para si era um tesouro a mais. A presença de Irmã Dulce não vive em cada testemunho como esse?

Os idosos, que também eram acolhidos num galpão, certamente desfrutaram da mesma gentileza, do mesmo afeto. E que deu frutos, é claro. Hoje, têm a superestrutura do Centro Geriátrico Júlia Magalhães, que disponibiliza atendimento médico-ambulatorial e internação hospitalar para os casos mais graves. Conta ainda com um grupo de convivência para os idosos da comunidade. Quem diria que aquela garotinha que recebia os pobres na porta de casa se tornaria a responsável pela maior obra de caridade de todo o Brasil?

Penso nisso.

Penso.

E respondo: talvez somente ela, com sua confiança inabalável em Deus, tivesse a certeza de que tudo daria certo, de que ali, nas suas obras, assistiria à repetição do milagre dos pães e dos peixes.

Fé. Era esse seu diferencial.

"Em verdade vos digo: se tiverdes fé, como um grão de mostarda, direis a esta montanha: Transporta-te daqui para lá, e ela irá; e nada vos será impossível" (Mt 17, 20).

E, assim, mesmo com todas as dificuldades, foi possível socorrer a todos os que procuravam ajuda. Porque, afinal, dizia ela, "esta obra não é minha, é de Deus. E o que é de Deus permanece para sempre".

E, para quem esteve lá, para quem experimentou os frutos deste trabalho, para quem viu tudo aquilo com os próprios olhos, não pode haver dúvidas: sempre permanecerá.

Sem clausura

"Deus não se vence em generosidade. E quando o sofrimento é bem aceito, Ele nos recompensa largamente com graças espirituais."

Quando, após visitar o hospital fundado por Irmã Dulce, repassei em minha cabeça tudo o que havia experimentado naquele dia, tive um pequeno vislumbre: não conseguia imaginar aquela freirinha sozinha. Quando a imaginava, vinham sempre com ela as crianças, os idosos, os pobres, os famintos, as outras irmãs... Percebi: toda vocação é pessoal, mas jamais pode ser cumprida sozinha.

Mas isso não era claro a partir da própria história de Dulce? Se suas obras vinham crescendo ano após ano, muito disso se devia ao fato de a Congregação das Irmãs Missionárias da Imaculada Conceição a auxiliarem tanto quanto possível. Para muitos pobres, para muitos doentes, para muitos órfãos... muitas mãos.

No entanto, uma hora deu-se o descompasso. As Obras Sociais se tornaram tão grandes que a congregação já não tinha meios de responsabilizar-se por ela. Em 1943, o conselho provincial já havia tomado algumas medidas restritivas à atuação de Irmã Dulce no Círculo Operário. Ela só deveria se dedicar às obras de beneficência, evitando se envolver em questões administrativas ou assumir qualquer ônus financeiro. Também não podia assinar declarações públicas, nem estar presente em manifestações sem a permissão das superioras.

Mais tarde, em 1950, Irmã Dulce acabou sendo substituída como superiora do Convento Santo Antônio, onde morava com as irmãs Paráclita, Anacleta, Hilária, Helenice e mais duas voluntárias leigas, Dalva Japiassu e Iraci Vaz Lordelo. E mais: a madre provincial, Irmã Emília Rosa, as visitou e anunciou que o convento seria fechado e as irmãs, enviadas para outras casas da comunidade. Irmã Dulce voltaria a fazer parte do Colégio Santa Bernardete. Ela não havia sido proibida de servir aos pobres, mas deveria observar as regras da congregação:

— Gostaria de lembrar que a nossa congregação não tem como objetivo apenas o lado educativo e social, mas também, e principalmente, a contemplação. Temos clausura. E uma freira não pode passar a noite fora do convento.

Irmã Dulce tentou argumentar, mas a madre foi implacável:

— As nossas regras existem para que sejam cumpridas. Servem para nos guiar. Prometemos observá-las no momento da profissão. Vocês têm sido exemplares no serviço aos pobres, mas não podemos nos afastar das obrigações que assumimos na profissão de fé, aceitando as nossas constituições e regras.

Aquele foi, sem dúvida, um dos momentos mais tristes da vida de Irmã Dulce. Mas não era "privilégio" seu, é claro: quantos santos, na história, não tiveram de sofrer incompreensões por parte de seus irmãos? São Pio de Pietrelcina, São João da Cruz, Santa Teresa... Dulce não estava só, mas a tristeza permanecia: era preciso fazer uma escolha entre as Obras Sociais e a comunidade em que havia escolhido levar sua vida religiosa. Ela conversou com o seu confessor, visitou Frei Hildebrando, pediu conselhos a muitas pessoas... "Fique no seu lugar", disseram-lhe.

Então, por alguma inspiração, ela decidiu procurar Dom Eugênio Sales, que havia acabado de se tornar administrador apostólico da arquidiocese. Dom Eugênio prometeu ajudar. No entanto, alguns dias depois, recebeu uma notificação do conselho geral da Congregação das Irmãs Missionárias da Imaculada Conceição da Mãe de Deus com um pedido de exclaustração de Irmã

Dulce, isto é, uma dispensa temporária da vida religiosa. Dom Eugênio a convocou para discutirem o pedido da congregação. Irmã Dulce foi claríssima:

— Nunca tive a intenção de me separar nem nunca terei. Quero morrer religiosa, membro da congregação que escolhi para viver.

Dom Eugênio acreditava que, se Irmã Dulce se afastasse das Obras Sociais, haveria, além da repercussão negativa, uma perda irreparável. Por outro lado, seria uma tristeza que abandonasse sua congregação! Por isso, ele resolveu mediar o conflito. Pediu que Irmã Dulce comunicasse à superiora que estava de acordo com a retirada das irmãs que a auxiliavam nas obras de caridade e que, a partir daquele momento, ela assumiria pessoalmente todas as responsabilidades sobre as Obras Sociais, bem como todas as despesas que surgissem. Seria mais um peso em suas costas. Ou será que encarava mesmo a situação assim? Não teria a visão sobrenatural das coisas, de que "tudo concorre para o bem dos que amam a Deus" (Rm 8, 28)? Não se lembraria do convite de Cristo: "Vinde a mim, vós todos que estais aflitos sob o fardo, e eu vos aliviarei. Tomai meu jugo sobre vós e recebei minha doutrina, porque eu sou manso e humilde de coração e achareis o repouso para as vossas almas. Porque meu jugo é suave e meu peso é leve" (Mt 11, 28-30)?

E Dom Eugênio continuou em seus esforços para diminuir o peso desse jugo. Conseguiu, pois, um acordo para que Dulce obtivesse permissão para estar fora do convento por motivos pastorais, evitando, assim, a exclaustração, que a obrigaria a abandonar a congregação e não mais usar o hábito religioso.

A freirinha, por sua vez, continuou com o mesmo ritmo e a mesma vida espiritual. Era inabalável. Cumpria os horários de orações, a comunhão diária, a confissão frequente e adoração ao Santíssimo Sacramento. Continuou a usar o hábito, o anel e a medalha das Irmãs Missionárias da Imaculada Conceição.

— Quando madre Emília Rosa retirou-me as irmãs, várias pessoas solicitaram que eu me filiasse a outra congregação ou fundasse uma nova. Não aceitei, renovando sempre, no íntimo do meu coração, a minha primeira escolha.

Os anos que seguiram foram muito intensos. Ainda mais. Os necessitados não paravam de aumentar, enquanto os recursos iam se tornando cada vez mais escassos. E tudo sobre seus ombros. Além dos problemas cotidianos, ela sentia muita falta da vida em comunidade, das irmãs que haviam sido suas companheiras de tantos anos. O contato com a madre superiora Veneranda Bohlen era escasso, mas Irmã Dulce se sentia feliz por não ter sito esquecida. Com o tempo, a relação foi se estreitando, e a superiora passou a se interessar pelo andamento dos trabalhos com os pobres. Sugeriu uma prorrogação do acordo para que Irmã Dulce se mantivesse fora do convento a fim de realizar o seu trabalho. Com que intensidade não palpitava o coração de Irmã Dulce!

> (...) *Não posso deixar o hospital desamparado, principalmente durante a noite. Sinto muita saudade das irmãs e da comunidade, mas enfrento este sacrifício pelos pobres. Por isso, peço-lhe que me conceda um pouco mais de tempo; eu lhe agradeço de todo o coração. Veja se é possível obter outros dois ou três anos.*
>
> *(...) Abençoe essa filha que lhe quer muito bem e que deseja morrer como Irmã Dulce, Missionária da Imaculada Conceição.*

No mesmo ano, foi eleita uma nova superiora: madre Maria Pia Nienhaus. Irmã Dulce enviou-lhe uma carta comunicando tudo o que havia feito, com dados detalhados:

> *Temos 305 doentes internados no nosso pequeno hospital, que já é também hospital-escola, com 12 cirurgiões e 170 estudantes que trabalham para os pobres. A nossa despesa mensal é de 35 mil cruzeiros, no entanto, a Divina Providência nunca nos abandonou. (...) Fique tranquila em relação a mim. Serei Irmã da Imaculada Conceição até o fim, com a graça de Deus!*

Até então, Irmã Dulce fora superando todos os problemas. Pendente da Providência e da graça divinas, sua obra ia crescendo de maneira bastante rápida:

era como o grão de mostarda de que falara Jesus nos Evangelhos. "Jesus dizia ainda: 'A que é semelhante o Reino de Deus, e a que o compararei? É semelhante ao grão de mostarda que um homem tomou e semeou na sua horta, e que cresceu até se fazer uma grande planta e as aves do céu vieram fazer ninhos nos seus ramos'" (Lc 13, 18-19). Cuidar dos pobres e dos doentes não era mais um problema. Depois de anos, tratava-se de um trabalho que já florescera. Dulce os acolhia com afeto, dava-lhes banho e comida, falava-lhes de Deus... Tudo era extensão de si mesma, de sua fé. A verdadeira dificuldade estava, antes, em administrar toda a estrutura criada para atendê-los. Agora, sem as irmãs para ajudá-la, tudo ficava centrado nela, pesando sobre seus ombros.

O conselho consultivo, então, propôs transformar a Associação Obras Sociais Irmã Dulce numa fundação. Do ponto de vista jurídico, a instituição passaria a ter um fundo permanente, a fim de evitar que necessitasse sempre de doações para conseguir pagar as contas no final do mês. Além do mais, era preciso estabelecer como seria a administração dos voluntários. Enfim, tudo isso traria maior segurança para se administrar a instituição. Irmã Dulce, porém, diante de tantos trâmites e caminhos, tinha mesmo a visão de uma santa:

— Mas e a Providência? — questionava, perplexa.

Ela temia que dessa forma se perdesse a confiança na Providência Divina.

No entanto, muitos empresários e benfeitores apoiaram a proposta e o novo arcebispo, Dom Avelar Brandão Vilela, solicitou que se fizesse a mudança na instituição. Irmã Dulce acatou por obediência, mas depois acabou compreendendo que se tratava de uma forma de salvar o trabalho, considerando que, além de já estar com uma idade que não lhe permitia trabalhar como antes, ela andava constantemente doente. Assinou, então, uma declaração de vontade:

> *Sempre com maior preocupação pelo futuro da Associação Obras Sociais Irmã Dulce, após diversas consultas e com total apoio do conselho geral, resolvi convocar uma reunião extraordinária para transformar a Associação em Fundação.*
>
> *(...) Insisto, porém, para a minha tranquilidade espiritual, que Deus nunca permita que o Hospital Santo Antônio se transforme em fonte de renda sob qualquer pretexto, conservando sempre a sua finalidade de atender aos pobres, aos doentes e aos necessitados de forma gratuita e com toda a dedicação.*
>
> *Deus, que tanto nos ajudou nas horas difíceis, certamente não abandonará aqueles que se propuseram a tutelar e a manter a instituição em suas finalidades, às quais tanto me dediquei.*
>
> *Estou tranquila, com a certeza de que, apesar de não ter nenhum mérito, a minha declaração de última*

vontade será respeitada. Deus irá zelar e abençoar a todos.

As Obras Sociais, assim, ganhavam alguma autonomia. Era uma forma de garantir que todo aquele trabalho continuaria após a morte de Irmã Dulce. Nesse contexto, a freirinha discerniu que era chegada a hora de interromper seu período fora do convento. Escreveu, então, à superiora provincial, pedindo a sua reintegração:

> *Em virtude do término, no próximo dia 22, do período da minha desenclausuração, venho solicitar à reverenda madre provincial e ao seu conselho a minha plena reintegração em nossa Congregação das Irmãs Missionárias da Imaculada Conceição da Mãe de Deus, da qual nunca pretendi me separar nem irei pretender nunca: quero morrer como religiosa, membro da nossa congregação.*
>
> *(...) jamais me passou pela cabeça a intenção de deixar a congregação. Se assinei o documento de solicitação de desenclausuração, o fiz por ordem da provincial daquela época.*
>
> *Agora, acredito que a atual provincial e o seu conselho nada tenham contra a reintegração de uma irmã que, durante dez anos de desenclausuração, permaneceu fiel à sua vocação.*

A provincial, naturalmente, iniciou os trâmites burocráticos para a reintegração de Irmã Dulce. Antes, porém, o arcebispo Dom Avelar Brandão pediu um parecer jurídico para saber se, na condição de presidente das Obras Sociais, Irmã Dulce passaria qualquer responsabilidade da organização para a Congregação das Irmãs Missionárias da Imaculada Conceição. O advogado Barachisio Lisboa estudou o caso e demonstrou não haver qualquer possibilidade de vínculo jurídico entre ambas. Dom Avelar logo juntou o parecer do advogado a uma breve carta à superiora-geral da Congregação das Irmãs Missionárias, Irmã Pia Nienhaus: "Venho-lhe fazer um apelo para a readmissão de Irmã Dulce na congregação. Acredito que tenha chegado o momento de dar-lhe este conforto espiritual. Ela deseja, ardentemente, merecer essa graça. E, de fato, merece-a."

Irmã Dulce foi readmitida à sua congregação no dia 2 de janeiro de 1976. Quando recebeu a comunicação oficial, as irmãs lhe deram as congratulações pelo retorno, ao que ela respondeu:

— Aceito-as. Mas não posso dizer que retornei, porque nunca fui embora daqui!

Encontros celestes... e o encontro com o céu

"Devemos ser evangelhos vivos, uma aliança no amor mútuo, uma íntima comunhão entre a alma consagrada e Deus."

Madre Teresa de Calcutá visitou a Bahia em julho de 1979. A ideia daquela religiosa baixinha no meio do povo baiano, por alguma razão, me faz abrir um sorriso. Ela havia sido convidada pelo cardeal arcebispo Dom Avelar Brandão para abrir uma casa das Missionárias da Caridade em Alagados.

— Não conheço uma testemunha maior de amor pelos humildes — disse o cardeal em entrevista à revista *Veja*.

A repercussão de sua fala não foi muito boa em Salvador. "Mas e o Anjo Bom da Bahia?", perguntavam-se todos. "Ela, tão perto de nós, há anos cuidando dos pobres... não merece uma palavra de reconhecimento?"

A imprensa baiana foi implacável com Dom Avelar, a ponto de ser preciso uma retratação:

> *Acabei levando um pito solene e público. Ao falar sobre a vocação carismática de Madre Teresa e seu testemunho de amor, que é reconhecido no mundo inteiro, eu deveria ter acrescentado, como disse a reportagem que me criticou, que o de Irmã Dulce era ainda maior. Era isso que a Bahia esperava do seu cardeal. Mas há um erro de ótica na apreciação do fenômeno. Quem chegou por último não veio para empobrecer nem ofuscar, e sim para somar. São estilos diferentes, embora servas da mesma caridade.*

Dom Avelar tinha razão. Duas servas da mesma caridade. Duas santas que se encontraram e, provavelmente, conversaram sobre coisas divinas. Talvez soe infantil, mas quase consigo imaginar a turba celeste contente, exultante, diante da imagem daquelas duas freirinhas juntas. Infelizmente, jamais se soube o conteúdo dessa conversa, pois Irmã Dulce não gostava de comentar suas conversas íntimas. Não é impossível, porém, imaginar a pureza do encontro entre aquelas almas engrandecidas pela graça divina. As duas tinham plena consciência de que eram instrumentos da vontade de Deus, vontade que se manifestava no auxílio aos mais desamparados. Santa Teresa de Calcutá e Santa Dulce se dedicaram radicalmente aos pobres com uma caridade maternal, acolhendo cada um dos necessitados com todo o amor de quem era capaz de ver a face de Deus mesmo no meio do mais absurdo sofrimento humano.

Ambas também se tornaram mundialmente famosas e foram indicadas ao Prêmio Nobel da Paz. Santa Teresa de fato o ganhou, em 1979. Mas Santa Dulce, não. Em 1988, quando foi indicada, evitar uma guerra parecia mais importante do que a luta contra a pobreza. O prêmio ficou com os capacetes azuis das Forças de Paz da ONU (composta por alguns brasileiros, inclusive), que haviam evitado o Conflito de Suez, entre egípcios e israelenses, em 1963, e que poderia ter se tornado uma tragédia.

Mas foi mesmo a guerra contra a pobreza que uniu as duas santas. Santa Teresa de Calcutá esteve em Salvador a pedido do Papa São João Paulo II — um terceiro santo! Fundou a casa das Irmãs Missionárias da Caridade no bairro de Alagados e se encontrou com sua colega de missão. A missão de servir os mais pobres dos pobres a qualquer custo. E assim o faziam: ambas socorriam os desvalidos com hábitos brancos com detalhes em azul celeste. Saíam às ruas recolhendo crianças, doentes e todos os desamparados que encontravam pela frente. Eram duas freirinhas pidonas, que não se deixavam abater pela falta de compaixão dos que lhes negavam uma esmola.

E as semelhanças são tão grandes que só podem ser... divinas.

Incríveis.

Extraordinárias.

Certa vez, um nobre senhor foi abordado pela santa de Calcutá. Ela o cumprimentou, estendeu a mão e logo pediu:

— Bom dia, o senhor poderia me ajudar dando alguma coisa para os desvalidos?

O homem a circulou com um ar arrogante, parou em frente a ela e deu-lhe uma boa cusparada naquela mão estendida. Ela se surpreendeu, mas não desanimou. Sorriu para o mal-educado e disse:

— Está bem! Isto é o que o senhor tem para mim. Agora, o que tem para os deserdados da vida que morrem por essas ruas?

O homem ficou envergonhado — e não poderia ser diferente. Colocou então a mão no bolso e deu à religiosa todo o dinheiro que tinha. Mais tarde, tornou-se um dos seus benfeitores.

Curiosamente, o mesmo ocorreu com Santa Dulce, na Feira de São Joaquim.

— Boa tarde! O senhor poderia dar alguma coisa para os meus pobres?

O comerciante já conhecia a fama de pidona da freirinha, e por isso não pensou duas vezes quando viu a sua mão estendida: deu-lhe uma cusparada.

— Isso é o que tenho agora. Suma daqui!

Como Santa Dulce não aceitava não como resposta, guardou a mão com a cusparada e agradeceu o comerciante. Então, estendeu a outra mão e tornou a pedir:

— Obrigada pelo que tinha guardado para mim, senhor. Agora, dê-me alguma coisa para os meus pobres, por favor!

Ainda mais irritado, o homem expulsou-a gritando:

— Suma daqui! Vá embora, vá embora!

Ouvi de Maria Rita que o comerciante arrependeu-se imediatamente de sua falta de educação, desculpou-se e acabou se tornando um dos benfeitores das Obras Sociais.

E tem mais.

Santa Teresa ouvira seu chamado para a caridade com um pobre que, aos pés do Himalaia, dizia: "Tenho sede." Ali, soube que deveria se dedicar totalmente ao serviço dos mais necessitados: estava sendo chamada a acompanhar a Paixão de Cristo no sofrimento deles, o mesmo Cristo que, na Cruz, dissera: "Tenho sede", indicando com isso que tinha sede de almas, de nossas almas. Com Irmã Dulce, o mesmo "estalo" — dessa vez, diante do menino jornaleiro que lhe suplicara: "Não me deixe morrer na rua."

Como Madre Teresa, ela queria satisfazer a sede de Jesus pelas almas, queria cumprir as palavras de Cristo: "Cada vez que fizestes estas coisas a um dos meus irmãos mais pequeninos, a Mim o fizestes" (Mt 25, 40). Santa Teresa encontrou o amor de Deus servindo os mais pobres da Índia; Santa Dulce, os pobrezinhos das periferias e palafitas de Salvador.

O amor de Deus, portanto, as unia. Mas é claro que a vocação de cada uma era única: "Porque, como o corpo é um todo com muitos membros, e todos os membros do corpo, embora muitos, formam um só corpo, assim também é Cristo. Em um só Espírito fomos batizados todos nós, para formar um só corpo, judeus ou gregos, escravos ou livres; e todos fomos impregnados do mesmo Espírito. Assim, o corpo não consiste em um só membro, mas em muitos. (...) Se todos fossem um só membro, onde estaria o corpo?" (1 Cor 12, 12-14.19). Santa Dulce, pois, tinha um carisma particular. Sua total confiança na Providência Divina a levava a cometer loucuras financeiras que deixavam seu arcebispo e sua madre superiora com os cabelos em pé. Até a santa de Calcutá ficou impressionada com a audácia de Santa Dulce. Em outra oportunidade no Brasil, ela afirmou à imprensa que o trabalho das duas eram diferentes, embora tivessem o mesmo objetivo: "Desejo trabalhar para os pobres, mas sem a responsabilidade financeira", acrescentou.

E, de fato, Santa Dulce estivera bastante preocupada com o futuro da sua obra. De tal modo que chegou a propor que, depois de sua morte, Madre Teresa a assumisse: "Fiz a proposta para Madre Teresa, quando ela esteve aqui, por intermédio de um intérprete. Mas ela não aceitou", escreveu numa carta para a provincial, Irmã Querubina, em 1985.

Nada disso, é claro, poderia ser considerado falta de confiança na Providência Divina, e sim a aplicação, agradável e esperada por Deus, dos meios humanos que ela tinha à disposição. De fato, a confiança de Santa Dulce na Providência era algo invejável, manifesto. "Não há nada mais forte que um povo inspirado pela fé. Às vezes amanheço sem nada em casa", dizia. "Mas, quando volto, tenho sempre o necessário para aquele dia."

O mesmo Dom Avelar que tomara uma bronca por não ter falado de Santa Dulce na visita de Madre Teresa mais tarde se redimiu com seu povo, dizendo que "a força de Irmã Dulce não se encontra em suas obras materiais, tampouco nos serviços maravilhosos que presta aos desvalidos, mas, sobretudo, no conteúdo de espiritualidade que possui. É verdadeiramente essa energia interior, que vem de Deus, a explicação do milagre que se registra, todos os dias, em nossa Salvador, tão cheia de belezas e de atrativos, mas tão sobrecarregada de problemas e de dramas sociais".

Aquela mulher frágil estava habituada a contornar as dívidas e todas as dificuldades para combater os problemas e dramas sociais do seu povo. Sua obra era vista como um milagre por muitos, talvez o maior que viria a cometer. Tudo aquilo, afinal, que parecia impossível, aquela freirinha teimosa foi lá e fez — e o reconhecimento da sua obra vinha de todo o mundo.

Sim, apenas o juízo de Deus fazia diferença para Dulce. Somente o que Ele queria, o que Ele poderia achar dela importava. No entanto, também não pôde esconder quão tocante foi estar perto de mais um santo — e mais: um santo que fora escolhido pelo Espírito Santo para ser o vigário do próprio Cristo entre nós — São João Paulo II.

O santo já havia manifestado seu apreço pelas atividades assistenciais e caritativas de Santa Dulce e fez questão de conhecê-la quando esteve no Brasil em 1980. Na ocasião, estiveram juntos por duas vezes. A primeira, graças ao general Gustavo Moraes Rego, que a levou no próprio carro para receber o Santo Padre no aeroporto. Emocionada, Santa Dulce mal conseguiu falar: apenas pegou as mãos do papa e beijou-as, e foi acolhida com afeto.

Na celebração da Santa Missa campal no centro de Salvador, havia mais de meio milhão de pessoas. No final, Santa Dulce foi chamada para receber uma bênção especial. Tão logo ela começou a subir a longa escadaria que levava até o altar, fez-se um momento de silêncio. O vento forte agitava seu hábito, e alguns dizem ter temido que ela saísse voando, de tão pequenina e frágil que era. Terminada a subida, Dulce se ajoelhou diante do papa. A multidão se manifestou com muitos aplausos, assobios e gritos de contentamento: "Viva a Irmã Dulce!" Ela disse ter sentido muita vergonha quando ouviu a multidão gritando o seu nome.

No entanto, toda aquela fragilidade que os fiéis percebiam não era apenas fruto de um cansaço natural, de anos e anos de dedicação aos mais desvalidos. Antes, indicava que sua saúde pouco a pouco piorava. As crises respiratórias eram constantes, e ela estava cada vez mais magra. Se tudo isso a deixava aflita, era menos por preocupar-se com seu próprio destino do que por perguntar-se constantemente quem continuaria seu trabalho com os pobres depois de sua partida...

De todo modo, até mesmo o Papa João Paulo II notou que Dulce estava doente. Depois de dar-lhe a bênção, tirou um terço do bolso e deu-o de presente à santa dos pobres, dizendo-lhe:

— Continue o seu trabalho, irmã! Mas cuide da sua saúde. É necessário que a senhora se poupe um pouco.

Dias depois, a religiosa foi internada com uma grave crise respiratória. Passou mais de vinte dias no hospital. Sua irmã Dulcinha foi obrigada a vir do Rio de Janeiro a fim de substituí-la e deixá-la menos preocupada com o andamento dos trabalhos nas Obras Sociais.

Poucos anos depois, em 1984, quando da inauguração do Hospital Santo Antônio, Santa Dulce estava ainda mais abatida. Tinha setenta anos e pesava apenas 38 quilos, peso de uma menina de dez, onze anos. Como sentia suas forças diminuírem, viu a necessidade de criar uma associação para dar continuidade ao seu trabalho. Já tinha recorrido a seu arcebispo, à sua congregação e até mesmo a Madre Teresa, como vimos. Quem haveria de resolver, porém, era como sempre a Providência, como ela mesma disse em carta enviada a sua superiora:

Quando estive muito mal por vários dias, pensei muito no futuro do nosso trabalho: quando Deus me chamar, quem ficaria com a incumbência dos doentes e dos pobres?

(...) Passados alguns meses, veio uma moça que desejava se dedicar inteiramente aos pobres. Já que precisava de ajuda com os nossos órfãos, levei-a para lá. Ela gostou muito e ficou nos ajudando.

Depois veio uma outra moça, catequista, professora aposentada que possuía o mesmo ideal. Levei-a também. Tendo aparecido uma terceira moça, procurei Dom Avelar e lhe comuniquei o que estava acontecendo e que, se Deus permitisse, aquelas moças gostariam de se tornar religiosas no futuro, consagrando-se a este apostolado em favor dos jovens pobres.

Sei perfeitamente que, quando Deus me chamar, as nossas irmãs não estarão mais aqui, uma vez que nossa congregação não quis assumir (como responsabilidade) a Obra.

Algum tempo atrás, Irmã Querubina me falou sobre a dificuldade de encontrar irmãs para os nossos colégios e hospitais, pois as jovens de hoje querem viver apenas em fraternidade. E disse que seria ótimo se conseguisse encontrar alguém para me substituir. Agora, com quem posso contar para o futuro?

Então, a decisão foi tomada depois que rezei muito para o Divino Espírito Santo pensar em fazer alguma coisa pelo futuro das crianças, dos velhos e dos doentes.

(...) Tenho necessidade de tanta ajuda, já que estamos com 1.129 pessoas em casa, por isso, não posso recusar essa oferta da Providência. No momento não é preciso, mas no futuro, se houver necessidade, pedirei a aprovação para que essa associação se torne uma nova congregação, porque agora é apenas uma associação de moças que desejam dedicar-se a Deus, servindo aos pobres.

Essa ideia não parte de mim. Sei que o Espírito Santo, a quem tanto peço que me ajude e ilumine, é quem está guiando as coisas. Pois é obra de Deus para Deus. Afinal, sou uma débil e vil criatura, sem mérito e sempre doente; é Ele quem faz tudo.

O bem-aventurado Tiago Alberione dizia que "santidade é humildade, obediência e mortificação; porque da fé não se chega ao amor sem a humildade e a obediência, virtudes nas quais a santidade amadurece. A humildade, a obediência e a mortificação, em si, são disposições, base, condição para chegar a Deus. Mas o cume e a essência da santidade é a caridade: caridade para com Deus e com o próximo". Esse é um resumo da vida de Santa Dulce, e mesmo na doença continuava verdadeiro. A humildade da sua espiritualidade franciscana a fazia descobrir no outro o Jesus Crucificado, e chegou a hora de ela mesma se afigurar a Cristo como uma frágil doente.

Sua obediência, vimos, a fizera sempre respeitar a decisão do pai, inicialmente contrário à sua vontade de fazer-se freira. Fora estudar, como ele havia pedido. Só voltara a falar da sua vocação depois de ter cumprido a promessa de se formar como professora. O pai, tocado pela perseverança da filha, não apenas dera-lhe o anel da profissão religiosa, como foi também um exemplo de caridade e um fiel colaborador das Obras Sociais. Por obediência, Santa Dulce pedira permissão da madre superiora para abrigar os doentes no galinheiro do convento, depois de ter invadido as casas abandonadas da Ilha dos Ratos e o galpão desocupado do antigo mercado municipal. Além disso, atendera prontamente as ordens da superiora na época em que havia sofrido a exclaustração, que lhe fora imposta porque as Irmãs Missionárias da Imaculada Conceição da Mãe de Deus não podiam assumir a responsabilidade das obras que nossa santa vinha realizando e expandindo cada vez mais.

Sobre isso, o jesuíta José Raimundo de Melo, no seu parecer sobre os escritos de Santa Dulce para o processo de canonização, escreveu o seguinte: "É exatamente nessa atitude de santa simplicidade e de fé incondicional no Senhor que a vemos enfrentar um dos períodos mais difíceis de sua vida religiosa, os dez anos de exclaustração. Dulce não solicita e absolutamente não deseja a exclaustração. A aceita apenas em atitude de obediência às suas superioras, já que por nenhum motivo podia abandonar os seus queridos pobres, o que significaria, para a Serva de Deus, abandonar Jesus pobre, e trair os fundamentos de sua vocação. Assim, escreveu à Madre Geral: 'Continuo a mesma, não deixo a Santa Comunhão e as minhas orações. A minha vida é apenas para o Senhor e para os pobres. Quanto à exclaustração, neste momento ela é a solução, não posso deixar o hospital abandonado, especialmente à noite. Tenho saudade das coirmãs, da comunidade, porém também isso devo sacrificar pela causa dos pobres.'"

Até o fim da vida, ela se manteve obediente e fiel à sua congregação.

E houvera, é claro, uma vida inteira de mortificações: Santa Dulce passou trinta anos dormindo numa cadeira desconfortável por conta de uma promessa feita pela salvação da vida de sua irmã Dulcinha, que passara por uma gravidez de altíssimo risco (apenas os médicos a convenceram a encerrar essa penitência, e a muito custo). Além disso, Dulce dormia muito pouco ou quase nada, porque trabalhava até tarde. "O meu Patrão é exigente e não me deixa descansar", dizia. Depois sofreu pacientemente com as crises respiratórias que não apenas a atormentavam, mas a todos que passavam as noites em claro acompanhando o seu sofrimento. Segundo a Irmã Olívia Lucinda da Silva, com quem conviveu, "Irmã Dulce soube aceitar o sofrimento que a vida lhe reservava dia após dia. Sofreu muito, tanto física quanto espiritualmente. Era uma alma grandiosa, uma alma de Deus, bendita e escolhida para suportar todos os sofrimentos e não perder o ânimo".

Um dos consultores teológicos do processo de canonização concluiu o seu voto dizendo que Santa Dulce "resplandece entre aqueles cristãos que fizeram da caridade a Deus e ao próximo toda a sua vida. A sua caridade foi maternal, terna. A sua dedicação aos pobres tinha uma raiz sobrenatural, e do alto ela trouxe energias e meios para colocar em prática uma espantosa atividade de serviço aos mais humildes. Longe de qualquer horizontalismo, num espírito verdadeiramente franciscano, ela se fez pobre junto aos pobres, por amor do sumamente pobre. Sem fomentar contraposições de classe, recordou aos ricos a exigência evangélica de repartir o pão com o faminto. A sua vida foi uma confissão do primado de Deus e da grandeza do homem filho de Deus, até mesmo onde a imagem divina parece obscurecida, degradada e humilhada". E ainda afirmou que ela "praticava muitas penitências voluntárias em espírito de expiação e como oferta de intercessão ao Senhor. Quando jovem, trazia um cordão diretamente sobre a carne, na cintura; como freira, praticava fielmente o uso religioso da disciplina todas as sextas-feiras".

Então, chegara a última das penitências: o agravamento da sua saúde. Um dos seus médicos, consultado no processo de canonização, relatou que "sua saúde pode ser considerada o grande milagre de sua vida, durante os últimos cinco anos. Foi realizado um exame de espirometria que comprovou que a sua capacidade respiratória era de 45%, ou seja, totalmente inadequada para a atividade que ela exercia".

A doença tinha um nome difícil: bronquiectasia, uma dilatação irreversível dos brônquios que impede que o ar chegue aos pulmões. Trata-se de uma condição rara, que pode ter sido provocada por algum problema alérgico-respiratório de que padecera desde a infância.

Os testemunhos são unânimes em reconhecer que Santa Dulce "vivenciou a sua enfermidade com grande ânimo e com um forte sentimento cristão". Ela sofreu demais nos seus últimos anos — uma verdadeira via-crúcis. Sua sobrinha, Maria Rita Pontes, relata que "o longo período de sofrimento durou 16 meses (do dia 11 de novembro de 1990 ao dia 13 de março de 1992), tendo iniciado com uma grave crise respiratória, quando foi internada em caráter de urgência. Mas as crises foram apenas o prenúncio do calvário que teria de enfrentar, entre unidades de terapia intensiva, transferências a hospitais, intervenções cirúrgicas e máquinas complexas. Fui testemunha de grande parte de seu sofrimento".

Irmã Dulce ficou internada no Hospital Português e, depois, foi transferida para o Hospital Aliança, mais bem-equipado para doenças respiratórias. Quando houve uma leve melhora, os médicos permitiram que voltasse para o Convento Santo Antônio. Em seu quarto havia sido instalada uma unidade de terapia semi-intensiva, o que fez com que pudesse passar seus últimos dias com a família: suas irmãs Dulcinha e Ana Maria; a sobrinha Maria Rita; suas irmãs de congregação — em especial Irmã Olívia e Irmã Helena; os médicos e enfermeiras do seu hospital; e seu médico, dr. Taciano

Campos. Também tinha próximos, é claro, seus filhos espirituais, aqueles assistidos pelas obras que realizou.

O Brasil inteiro rezava por ela.

A Bahia, de modo especial, pois a tinha como uma boa mãe dos desamparados.

No dia 20 de outubro de 1991, Deus quis proporcionar àquela sua querida esposa uma surpresa, um último ato de carinho. O Papa São João Paulo II, que mais uma vez visitava o Brasil, fez questão de ir até Salvador para dar uma bênção à nossa santa. A cidade estava em festa. Logo nas primeiras horas da manhã, todos saíram às ruas do bairro Roma, onde ficava o convento, para esperar o Santo Padre. João Paulo II chegou acompanhado de Dom Lucas Moreira Alves. Ambos saudaram a população e foram ao encontro de Santa Dulce. A doente freirinha ficou visivelmente comovida com a visita ilustre. Mesmo mal podendo falar por causa de uma traqueostomia, pediu perdão por não poder recebê-lo de maneira adequada. O papa sorriu e pegou em sua mão. Então, deu-lhe a bênção apostólica e a parabenizou pela coragem de ter feito tanto pelos pobres e pelos doentes.

Agora, ela mesma, pobre e doente, suportava com virtudes heroicas as penas do sofrimento que a fazia padecer.

O papa se despediu e, na saída, disse ao cardeal Dom Lucas:

— Este é o sofrimento do inocente. Igual àquele de Jesus.

Depois, dirigiu-se à capela do convento e rezou por ela.

Santa Dulce vivia o seu martírio. Todos os dias, recebia o padre Tommaso Cascianelli e o capelão das Obras Sociais, padre Roque Lé. Eles lhe davam a comunhão e rezavam com ela. Um dia, os próprios médicos recomendaram que era conveniente administrar-lhe a Unção dos Enfermos. Irmã Dulce recebeu o sacramento ainda lúcida e serena. Sabia que em breve se encontraria com o seu "patrão exigente", a fim de receber a recompensa por ter levado uma vida de caridade, penitência e oração.

Numa sexta-feira, dia 13 de março de 1992, com a coroa do rosário entrelaçada nas mãos, Irmã Dulce ganhou o céu. Encontrou a luz verdadeira que ilumina todo o mundo, os anjos e os santos; encontrou seu querido Santo Antônio, que tanto a ajudara, e o sorriso da Imaculada Mãe de Deus, de quem era filha missionária. Ouviu, de modo muito pessoal, da boca de Cristo: "Vem, bendita de meu Pai, toma posse do Reino que te está preparado desde a criação do mundo, porque tive fome e me deste de comer; tive sede e me deste de beber; era peregrino e me acolheste; nu e me vestiste; enfermo e me visitaste; estava na prisão e vieste a mim."

Irmã dos Milagres, Santa dos Milagres

"Deus é o nosso organizador, o cérebro que tudo pensa e executa."

❧

Uma procissão de dez quilômetros. Foi assim que os baianos se despediram da santa que tinham visto nascer. O povo atravessara a cidade de Salvador junto com o cortejo fúnebre, saindo da capela do Hospital Santo Antônio até a basílica de Nossa Senhora da Conceição da Praia. A fila para se despedir de Santa Dulce tinha mais de um quilômetro e chegou a passar do Elevador Lacerda. As pessoas esperavam mais de três horas para dar seu último adeus.

Santa Dulce dos Pobres foi velada durante três dias, com honrarias de chefe de Estado. Recebeu a homenagem do povo, das autoridades e até parou o campeonato de futebol. A tristeza era grande. "Para essa gente, é como se tivessem perdido a única mãe que tiveram", dizia o repórter José Raimundo, da Rede Globo, na cobertura ao vivo do funeral. Todos se perguntavam o que seria dos pobres sem aquela freirinha.

Em 12 de junho de 1999, a Arquidiocese de Salvador abriu o processo de canonização. Trata-se de um processo lento, complexo e cheio de regras. Há uma enorme preocupação em garantir a autenticidade dos testemunhos e dos fatos, que são analisados por um grupo de peritos nos assuntos abordados pela *Positio*, isto é, pelo documento composto de um perfil biográfico, dos relatos das testemunhas e de todos os documentos pertinentes ao processo. Depois de analisada a documentação, em 2009, a Congregação para a Causa dos Santos deu seu parecer favorável, e Irmã Dulce passou a ser chamada Venerável: reconhecia-se, portanto, que ela vivera em grau heroico as virtudes cristãs da fé, da esperança e da caridade. A partir daí, é preciso um milagre com a sua intercessão para se tornar beata, o que ocorreu em 26 de outubro de 2010.

Os teólogos da Congregação para a Causa dos Santos analisaram o caso de Cláudia Cristine Araújo. Pude conversar com ela, ouvir de sua própria boca a história, já contada e recontada em tantos livros.

Já havia quase dez anos do falecimento de Irmã Dulce quando Cláudia engravidou do segundo filho. Não conhecia a fama de santa da freirinha baiana e não se lembrava de algum dia ter ouvido sua história. Até aquele janeiro de 2001.

Morando em Malhador, no interior de Sergipe, ela, já com 37 anos, tinha feito todas as consultas do pré-natal com uma médica em Aracaju. Faltando poucas semanas para o parto, decidiu trocar de médico e procurou um amigo da família, o dr. Cardoso, em Itabaiana, cidade mais próxima de Malhador do que Aracaju, a fim de agendar uma cesárea com laqueadura.

O primeiro filho, Assisinho, conhecido assim mesmo, pelo apelido diminutivo de Francisco de Assis, já tinha seis anos, e Cláudia torcia por uma menina. Numa noite de terça-feira, porém, a futura mamãe teve uma sensação ruim, uma intuição de que não deveria passar por aquela cirurgia. Na manhã seguinte, foi ao consultório do médico avisar que o parto seria normal, mesmo. Essa decisão, depois lhe disseram, salvou sua vida.

Naquela mesma noite, já com contrações, Cláudia deu entrada na maternidade e não se lembra de mais nada. Ficou em coma por dois dias. Após o parto, teve uma hemorragia que não estancava, fortíssima; passou por uma transfusão, mas o sangue simplesmente não coagulava: saía do mesmo modo como entrara. Após ter sido levada para outro hospital — maior e mais equipado que a maternidade —, dr. Cardoso decidiu retirar-lhe o útero para tentar contornar a situação, mas tudo parecia inútil. A hemorragia continuava. Os rins pararam de funcionar... e a família foi avisada de que Cláudia não sobreviveria.

— Agora, só oração — disse o médico.

A família de Claudia decidiu chamar o Padre José Amí, amigo da família, para ministrar-lhe a Unção dos Enfermos. Ele chegou com uma estampa de Santa Dulce e a pendurou na haste do soro. Tratava-se de um santinho com uma oração, plastificado. O sacerdote, então, pediu pela vida de Cláudia. Pediu com fervor. Pediu, talvez, sem saber que a própria Dulce fora uma menininha que, aos sete anos, também perdera a própria mãe e, portanto, conhecera a dor da perda que a morte de Cláudia iria causar. Em seguida, voltou para casa e organizou um grupo para rezar pela agonizante naquela noite.

Quando amanheceu o dia, porém, o quadro de saúde de Claudia havia mudado radicalmente. Ela acordara e pedira à enfermeira para ver o filho: "Já ganhei o nenê?", perguntou ao vulto branco que vira perto da porta. O médico foi chamado às pressas. Quando viu a enfermeira, ele lamentou:

— Perdemos...!?

— Não, doutor. Ela acordou e quis ver o filho.

— Mas como ela está?

— Bem, muito bem.

Assim que viu o filho, ainda sem nome, Cláudia logo foi transferida para Aracaju. Estava branca como papel, inchada, mas viva. Lá, passou por outra cirurgia e ficou internada por mais dez dias a fim de se recuperar, ganhar força. Não pôde amamentar o filho, que acabou tendo de ser (muito bem) cuidado pelas tias. O menino ganhou nome de anjo: Gabriel. Nome escolhido pelas freiras.

Com um milagre atestado, Irmã Dulce passou a ser chamada Beata Dulce dos Pobres. O Papa Bento XVI promulgou a beatificação no dia 22 de maio de 2011 e saudou os brasileiros presentes na Praça de São Pedro, dizendo que Irmã Dulce "deixou atrás de si um prodigioso rasto de caridade (...), levando o Brasil inteiro a ver nela a mãe dos desamparados".

O de Cláudia talvez seja o mais famoso dos milagres atribuídos ao Anjo Bom da Bahia, mas está longe de ser o único. São mais de dez mil catalogados no Memorial Irmã Dulce. Um deles, o de Mauro Feitosa Filho, o Maurinho. Tinha 13 anos em 2002, quando foi diagnosticado com um tumor cerebral. O caso era grave, e os médicos estavam céticos em relação à cura. O último recurso era uma cirurgia bastante arriscada. O pai do menino recebeu de um familiar uma relíquia de Irmã Dulce e pediu a intercessão dela em suas orações. Estava prevista uma cirurgia de catorze horas, uma vez qie o tumor se encontrava numa área bastante delicada do cérebro. Surpreendentemente, porém, o procedimento foi realizado em apenas três horas, pois os médicos conseguiram remover o tumor de uma só vez. A equipe mal podia acreditar no sucesso da cirurgia, quanto mais na recuperação do menino, que em 48 horas já estava disposto e em condições de receber alta. O médico que o acompanhava no pós-operatório não conseguia explicar o caso. O que realmente o intrigava era o fato de nem sequer ter sido necessário um tratamento posterior à cirurgia. O menino estava inexplicavelmente curado.

O pai, por sua vez, nunca teve dúvidas da intercessão da santa a quem recorreu. Até sua morte, em 2015, foi um dos grandes divulgadores da devoção a Santa Dulce.

Pude conversar, na Bahia mesmo, com Osvaldo Gouveia, responsável pela análise e pelo arquivamento dos casos que chegam ao Memorial. "Ela já era considerada santa em vida. Muita gente pedia para ela tirar o anel de noiva de Cristo a fim de colocar no próprio dedo", disse-me. "Irmã Dulce não se incomodava, levava na brincadeira. Esse anel sumiu algumas vezes, e ela o achava misteriosamente. Ele ficou com fama de milagreiro."

Tão grande permaneceu a fama de santidade de Irmã Dulce que, em 1997, até mesmo o cantor Roberto Carlos quis saber, em show feito na Bahia, por que ninguém a chamava oficialmente de santa, tamanho o impacto que as histórias sobre ela lhe causaram. Curiosamente, em certo sentido era possível dizer o mesmo do cantor: conta-se que Irmã Dulce admirava seu trabalho e que gostava, de modo especial, da canção "Jovens tardes de domingo".

Quando pisei na capela onde se encontra o corpo da freirinha, pude ter a dimensão de sua grandeza sob um olhar diferente. Eram muitas pessoas ali, muitos pedidos... Indiscreta, consegui espiar alguns papéis na cestinha, virados para cima: um pedia um emprego à Irmã Dulce por meio do qual "eu possa dar uma boa vida aos meus filhos"; outro pedia saúde e a venda de um apartamento. Por toda parte, fotos de familiares... Osvaldo diz que, além dos pedidos, muita gente deixa ali também os relatos de graças alcançadas (e também na portaria, ou durante as celebrações). O material é abundante, sendo impossível lidar com tanta coisa sozinho: Osvaldo tinha de contar com voluntários.

A maioria dos milagres relatados tem relação com a saúde: cirurgias que terminaram bem, complicações no parto que foram resolvidas de modo surpreendente depois da invocação da santa, superação de problemas com drogas e alcoolismo, doenças graves que desapareceram sem uma explicação racional... No entanto, dos milhares de graças catalogadas, apenas cinquenta foram enviadas ao Vaticano para as investigações necessárias ao processo de canonização.

Uma delas ocorreu em 2014 e constituiu o segundo milagre aprovado pela Congregação para a Causa dos Santos. Era o que bastava para que Irmã Dulce fosse declarada santa. Trata-se do caso do maestro baiano José Maurício Bragança Moreira.

José tinha 36 anos quando perdeu a visão devido a um glaucoma. Durante catorze anos, sentiu fortes dores nos olhos por conta de inflamações frequentes. Em 10 de dezembro 2014, preparava-se para se apresentar com seu coral, mas seus olhos inflamaram tanto que não pôde sair de casa. "As dores eram tão fortes que eu não conseguia dormir", conta. O seu quadro de conjuntivite viral havia se complicado. Sua esposa trouxe compressas de gelo, mas a dor não aliviava. Desesperado, pegou uma imagem de Irmã Dulce, passou nos olhos e suplicou para que ela intercedesse pelo fim das dores.

Logo depois da oração, a dor diminuiu um pouco e ele conseguiu dormir. Quando acordou, sua esposa trouxe-lhe mais uma compressa de gelo: "Foi quando eu comecei a enxergar o gelo e, aos poucos, a minha mão. Minha visão estava voltando!"

Os médicos tinham garantido a ele que a cegueira era irreversível porque o glaucoma afetara os nervos óticos. Não havia nenhum tratamento, nenhuma esperança. "Ouvi dos médicos que eu nunca voltaria a enxergar porque a visão perdida pelo nervo óptico não se recupera. Por isso eu nunca pedi para voltar a enxergar, pois tinha consciência de que era impossível. O que Irmã Dulce fez por mim foi muito mais do que a cura da conjuntivite ou o alívio da dor. Ela ouviu a minha oração e intercedeu. É uma gratidão infinita, pois eu nunca imaginei que isso poderia acontecer na minha vida."

O caso foi analisado, e não havia nenhuma explicação médica para a cura.

José Maurício, quando jovem, encontrara-se com Irmã Dulce por três vezes. Ambos viviam na mesma cidade, e seu avô e seu pai costumavam contribuir com as Obras Sociais. Certo dia, quando era menor-aprendiz do Banco do Brasil, viu a freirinha na agência em que trabalhava, por ocasião do lançamento de um livro sobre seus trabalhos. O jovem José Maurício se aproximara e pedira um autógrafo. Pegando na mão dela, deu-lhe um beijo, e recebeu um beijo da Irmã Dulce também em sua mão. Quem poderia imaginar que aquela era apenas a primeira demonstração de carinho da religiosa baiana por ele?

Mesmo em vida, como costuma acontecer com muitos e muitos santos, Irmã Dulce já era protagonista de fatos inexplicáveis e curas miraculosas. Nunca, porém, deixou de ser uma pessoa simples e humilde, que colocava os pobres e doentes sempre em primeiro lugar. De fato, quanto mais um santo se aproxima de Deus, mais humano ele se torna, porque se liberta das ilusões do mundo e também das próprias ilusões. A vida de Santa Dulce é um exemplo disso. Segundo os consultores teológicos do processo de canonização, ela viveu plenamente as virtudes cristãs através de uma fé inabalável em Deus, com uma simplicidade de coração que a fazia se entregar totalmente ao serviço dos mais necessitados. Como a Maria do Evangelho de Lucas (cf. Lc 10, 38-42), Santa Dulce escolheu a melhor parte, o bem espiritual que é estar sempre com Jesus — na oração, no amor e na caridade ao próximo.

Também saltou aos olhos dos consultores a sua preocupação com a vida espiritual daqueles a quem ela prestava assistência. No testemunho de Dom Washington Cruz, hoje arcebispo de Goiânia, Dulce "se interessava de maneira radical pelas pessoas e fazia todo o possível para que o sacramento fosse administrado a todos; organizava batizados, fazia com que as pessoas casassem, enfim, se valia de todos os meios necessários para encaminhá-las a Deus". Muito mais do que atenuar a miséria material, ela procurava dar consolo espiritual, o qual sabia ser o mais importante.

Sua visão da vida se resumia a uma radicalidade orientada ao serviço do próximo. Para irmã Olívia, que testemunhou no processo de canonização, "Irmã Dulce não sentia nojo dos doentes, mesmo quando estavam cheios de parasitas. Segurava-os, dava-lhes banho, levava-lhes a comida à boca, cuidava deles com palavras e afeto. Dizia sempre: 'Você vai se curar, meu filho.' Primeiro limpava-os, dava-lhes de comer e, depois, chamava o médico. Ela queria as camas sempre limpas, que não faltasse nada aos doentes e que cada paciente fosse tratado como um familiar. Se alguém maltratava um doente, maltratava a ela própria, dizia. 'Somente quem convive com os pobres sabe o quanto sofrem', repetia. Reunia as pessoas que chegavam para colaborar com ela e transmitia-lhes esses ensinamentos. Quando o médico acreditava que um doente não podia permanecer no hospital porque seu estado era muito grave, ou por se tratar de um problema social, e queria transferi-lo para um outro lugar, Irmã Dulce intervinha e dizia: 'Se não tem um lugar no hospital, coloco ele no meu quarto, mas o doente não pode sair daqui.' Todos os dias, às cinco da manhã, passava por cada um dos setores a fim de conferir o tratamento dos doentes, e quando observava que o paciente não tinha feito os exames havia mais de um dia, chamava o médico para reclamar por isso."

Apesar da fama de santa e de super-heroína (era sempre chamada nos momentos mais dramáticos da história da Bahia!), os testemunhos de quem conviveu com ela são unânimes em afirmar que ela era uma pessoa... normal. O então cardeal arcebispo do Rio de Janeiro, Dom Eugênio de Araújo Sales, que a acolhera quando administrava a diocese de Salvador, disse em seu testemunho que "jamais alguém me disse algo de extraordinário sobre Irmã Dulce, nem em sentido positivo, nem em sentido negativo. Para mim, Irmã Dulce foi extraordinariamente normal. Muito correta em suas atitudes e, ao mesmo tempo, humilde, sem procurar a fama". Tinha, é claro, uma coragem e uma força de vontade extraordinárias, além de ser extremamente humilde, ao ponto de nunca se vangloriar das suas conquistas — que não foram poucas. Todavia, no convívio cotidiano mostrava-se uma pessoa simples, bastante contida e até mesmo tímida. Somente a graça pôde fazer daquela freira pequenina, e com sérios problemas de saúde, a protagonista da maior obra de caridade de que o Brasil teve notícia.

Tudo na vida de Santa Dulce é surpreendente, até mesmo a normalidade. Não foi à toa que, em 2008, a abertura do processo de canonização foi aprovada por unanimidade no Vaticano. Todos os consultores teológicos deram parecer favorável, o que demonstra que o povo tinha razão em exaltar aquela mulher frágil que suportava tudo por amor a Deus. Irmã Olívia Lucinda da Silva diz que uma das maiores virtudes de Santa Dulce "era o dom do amor. Se amar a Deus sobre todas as coisas e ao próximo como a ti mesmo é o primeiro mandamento da lei de Deus, eu jamais conheci alguém que amasse tanto a Deus quanto ela: Deus na pessoa do pobre, do idoso, da criança, do desempregado, do enfermo, do abandonado, do deficiente e, principalmente, de quem tem pouca fé. Junto ao amor, no seu dia a dia, transparecia a fé, a imolação, a oração e a intercessão... Pela fé movia montanhas, e isso me demonstrou muitas vezes, pois ela sempre dizia, acreditava e mostrava que quando nós entregamos com amor, Deus nos restitui o dobro. Isto eu experimentei diversas vezes estando próxima dela".

A fé de Santa Dulce era extraordinária porque era uma resposta ao amor de Deus, que é sempre fecundo: quanto mais se ama, mais se é amado, e vice-versa. Ela via no próximo, sobretudo nos mais pobres, o amor de Deus pela humanidade, de um Deus que se encarnara e, agora, se identificava com os desvalidos; no sofrimento do mundo, encontrava a expressão do Cristo crucificado, do Cordeiro de Deus que tira os pecados.

Santa Dulce passou a vida aqui na Terra se dedicando aos mais pobres dos mais pobres, acolhendo os desamparados com todo o amor que lhe era característico. Seu padroeiro, Santo Antônio, dizia que "neste lugar tenebroso em que vivemos, os santos brilham como as estrelas do firmamento. E estão sempre prontos a deixarem o estado de contemplação para se entregarem às obras de misericórdia no momento desejado por Deus, tão logo ouvem o seu pedido". Santa Dulce continua a cumprir o dever que lhe fora confiado pelo seu "Patrão exigente". Ampara, lá do alto dos céus, os seus desamparados; segue cuidando dos seus doentes, das suas crianças, dos seus idosos. O amor de Santa Dulce é maior que este mundo, pois é a expressão mais sublime do amor Daquele que nos amou primeiro. E tudo procede do amor, porque, como diria Santa Catarina, "você sabe que o amor é aquilo nos torna fiéis. Naquilo que ama, a pessoa acredita. Assim vemos que os verdadeiros servos de Deus, por causa do amor que dedicam a seu Criador, perdem toda a fé e a esperança nas próprias virtudes e conhecimentos. Porque ao amar a Deus, a pessoa não acredita mais em si mesma, mas somente em Deus. E essas almas possuem uma fé tão viva que suas ações são virtuosamente santas".

Amor.

Sem dúvida, a palavra que resume toda a história de Santa Dulce, cada sim dito a Deus, cada mão estendida aos pobres, cada sofrimento suportado...

Hoje não tenho dúvidas.

Tenho de concordar com aquele cartaz que vi em cada canto do Hospital Santo Antônio. Aquele cartaz com a foto de Santa Dulce dos Pobres e os dizeres:

Tenha fé
Contínuo presente

Em vida, segundo ouvi de quem com ela conviveu, o Anjo Bom da Bahia costumava dizer que teria a eternidade inteira para descansar. Nisso, estou certa de que se enganou. Do céu, Irmã Dulce trabalha como nunca, intercedendo por nós, pelos seus pobres, pela sua Igreja, pelo seu país, por aqueles que têm fome de comida, por aqueles que têm fome de Deus.

Agradecimentos

Há muitos, é claro, a quem agradecer. Eu não me perdoaria, porém, se deixasse de mencionar a querida Maria Rita Pontes e Osvaldo Gouveia, que tão bem me receberam nas Obras Sociais Irmã Dulce e tantas histórias partilharam comigo. Essa experiência modificou minha vida para sempre: não há um dia, desde então, em que não pense em algo relacionado ao Anjo Bom da Bahia.

Para isso contribuíram também os frades capuchinhos e as irmãs Josefa e Gorette, da Associação Filhas de Maria Serva dos Pobres: elas me ofereceram cartas, lembranças, depoimentos e um delicioso café com biscoitos. A vocês, toda a minha gratidão.

Um encontro inesquecível...

Uma freirinha tão frágil...
tocando este acordeão enorme!

Relíquia de um dia especialíssimo...

Irmãs Gorette e Josefa, uma alegria só!

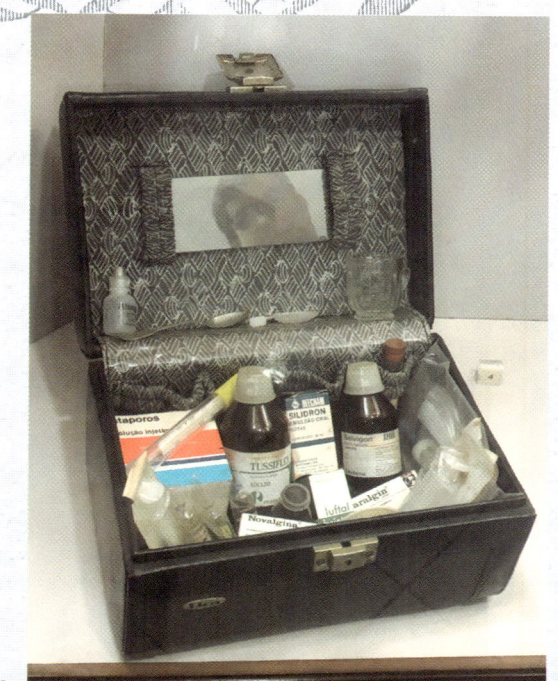

Maleta com remédios
utilizada por Irmã Dulce.

A famosa imagem de
Santo Antônio.

Seu Raimundo, lembrando-se de quando Irmã Dulce o acordava de manhã.

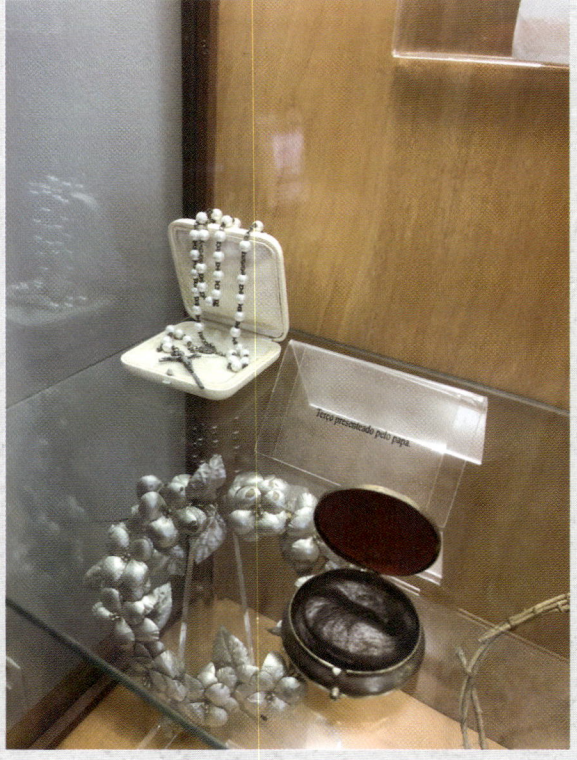

O terço que São João Paulo II deu a Santa Dulce dos Pobres.

Aqui um santo rezou por uma santa...

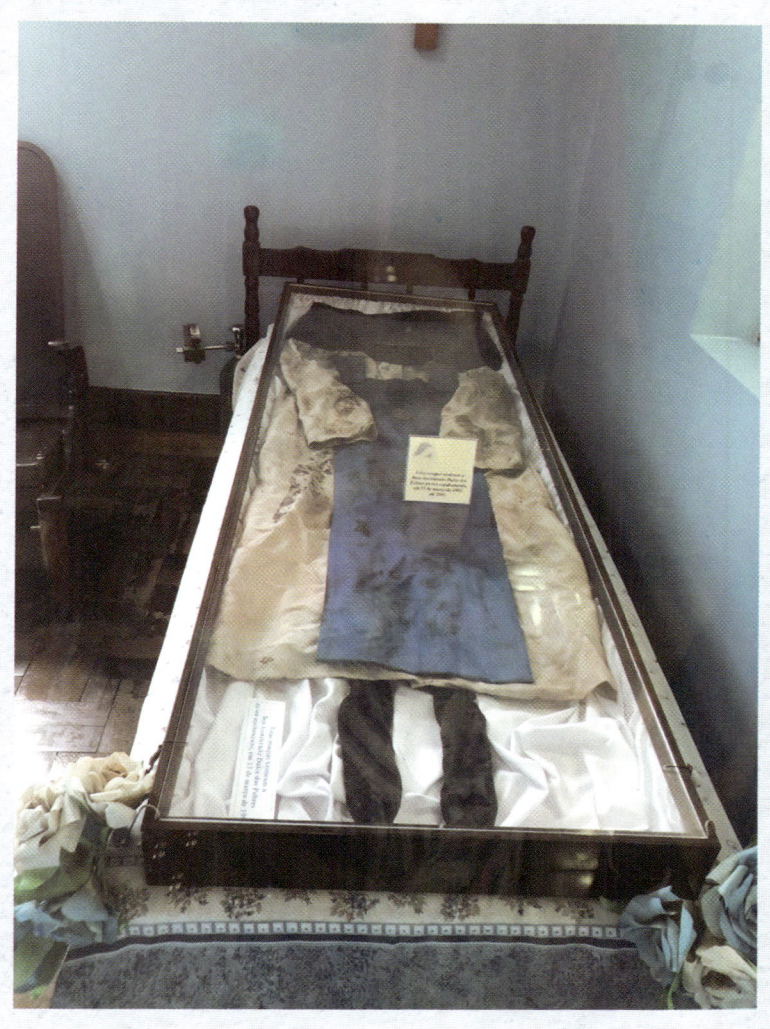

Eis o hábito com que Santa Dulce foi enterrada e que ficou consigo até 2011.

Com Osvaldo Gouveia e Maria Rita, sobrinha de Santa Dulce.

A cestinha com pedidos.
Na página seguinte, o cartaz afixado nas paredes do Hospital Santo Antônio.

TENHA FÉ

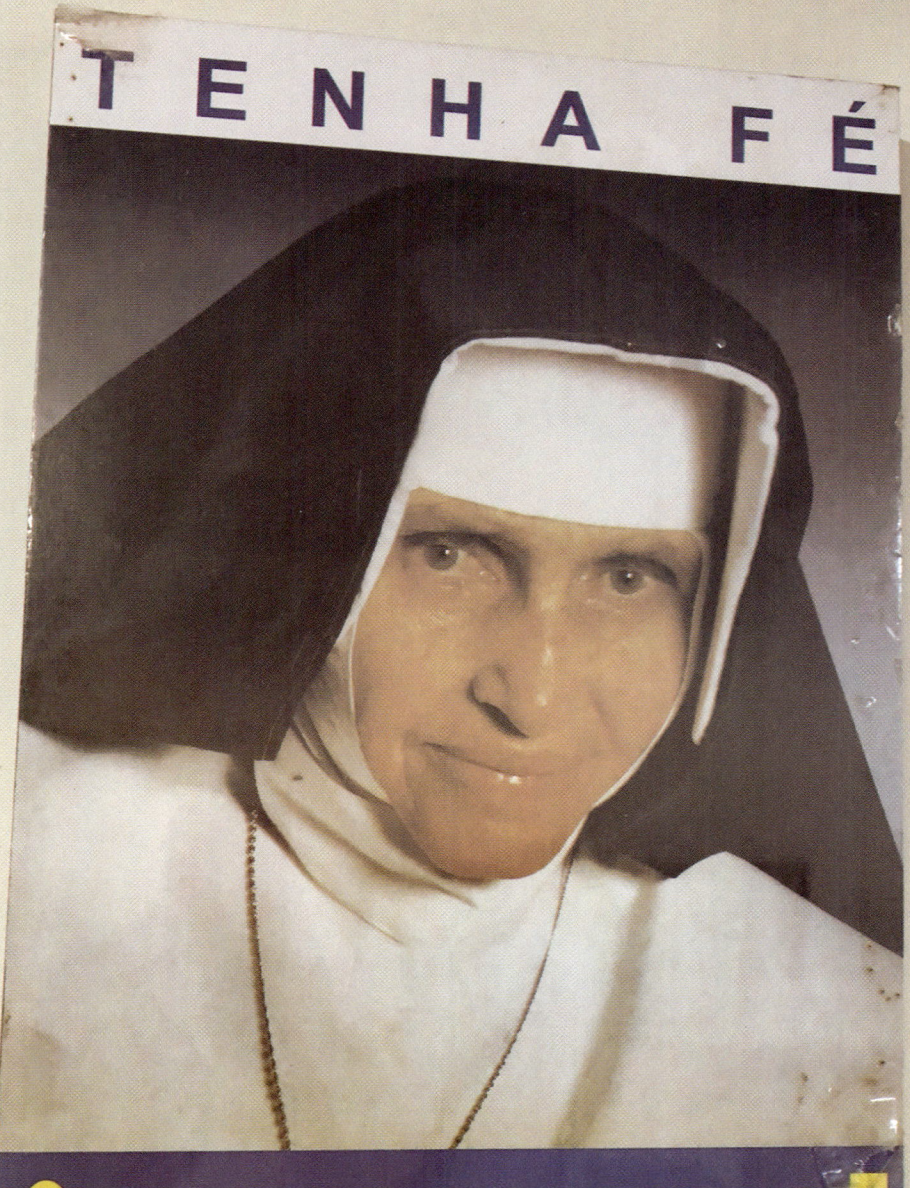

CONTINUO PRESENTE

Direção editorial
Daniele Cajueiro

Editor responsável
Hugo Langone

Produção editorial
Adriana Torres
Thais Entriel
Mariana Bard

Revisão
Ana Grillo
André Marinho

Projeto gráfico de Miolo
Anderson Junqueira

Diagramação
Letícia Fernandez Carvalho

Este livro foi impresso em 2020
para a Petra.